Éveil de votre enfant

Éveil de votre enfant

Dr Claire Halsey

hachette
SANTÉ

Dédicace
Je dédie ce livre à ma mère, Patricia Higginbotham

Édition originale publiée au Royaume-Uni en 2011 sous le titre *Baby Development: Everything You need to Know*, par Dorling Kindersley Limited, 80 Strand, London, WC2R ORL Penguin Group (Royaume-Uni)

Direction artistique : Lisa Lanzarini
Conception graphique : Hannah Moore
Photographies : Ruth Jenkinson
Stylisme : Peggy Sadler

Édition française

Traduction : Anne-Marie Naboudet-Martin
Relecture : Catherine Maillet, Dorica Lucaci
Adaptation de la couverture : Salah Kherbouche (Hachette Pratique)

L'éditeur remercie Justine Boffy pour son aide précieuse.

ISBN 978-2-01-230257-0

Dépôt légal : janvier 2012
23-28-0257-01-8

Imprimé à Singapour par Tien Wah Press

Sommaire

12-18 mois

19 mois-2 ans

ATTENTION

Cet ouvrage ne saurait remplacer l'avis de professionnels de la santé. L'auteur et l'éditeur invitent les lecteurs à consulter régulièrement un pédiatre ou leur médecin traitant.
Le pharmacien est de bon conseil sur l'usage des médicaments. Ne jamais utiliser un ancien médicament prescrit (antibiotique, par exemple) pour un autre membre de la famille.
Ne pas administrer de médicaments conseillés ou donnés par un proche, ou bien achetés sur Internet.

Introduction

L'une des plus grandes joies quand on est parent, c'est d'observer son enfant qui grandit et de l'y aider. Chaque étape a son importance, depuis le premier regard de votre nouveau-né jusqu'aux premiers mots que bébé prononcera, dix-huit mois plus tard, en passant par tous les exploits qu'il accomplira, comme construire une tour ou réaliser une œuvre à la peinture aux doigts.

Les premiers mois, votre bébé va grandir et évoluer à un rythme qu'il n'atteindra plus jamais par la suite. Vous le verrez acquérir de nouvelles compétences quasiment d'une semaine sur l'autre. Vous aurez peut-être du mal à anticiper les changements et à soutenir ses progrès. Les conseils proposés dans cet ouvrage sont destinés à vous guider au fil des étapes de son développement en vous expliquant comment fonctionnent son corps et son psychisme. Vous pourrez ainsi vous assurer que les choses suivent leur cours normal.

Cet ouvrage s'appuie sur vingt-cinq ans de pratique auprès des enfants et de leurs familles, mais aussi sur des études menées par d'autres spécialistes et sur ma propre expérience de mère de trois garçons. Les informations concernant le développement de l'enfant que vous y trouverez sont donc précises et récentes. Au-delà de cet aspect théorique, vous trouverez des suggestions d'activités et de jeux à faire avec votre enfant pour le stimuler et le distraire pendant ses deux premières années.

Ce livre vous aidera à suivre les progrès de votre enfant dans cinq domaines clés : la socialisation, la motricité, la préhension, la communication et le développement intellectuel. Ce classement par catégories a pour but de regrouper les informations, mais il est bien évident que la plupart des activités font appel à plusieurs domaines en même temps. Lorsqu'il joue en groupe en présence d'adultes, par exemple, l'enfant se socialise en jouant à côté d'autres petits, il communique en montrant du doigt ou en disant ce qu'il veut, et il utilise son corps, ses mains et son cerveau pour jouer.

Évidemment, le développement d'un tout-petit n'est pas linéaire. Certains franchissent les étapes très tôt, tandis que d'autres prennent leur temps. Néanmoins, si vous avez la moindre inquiétude, consultez un spécialiste. Il y a de grandes chances pour qu'il vous rassure, mais en cas de difficulté particulière, il pourra vous proposer une aide adaptée.

Dr Claire Halsey

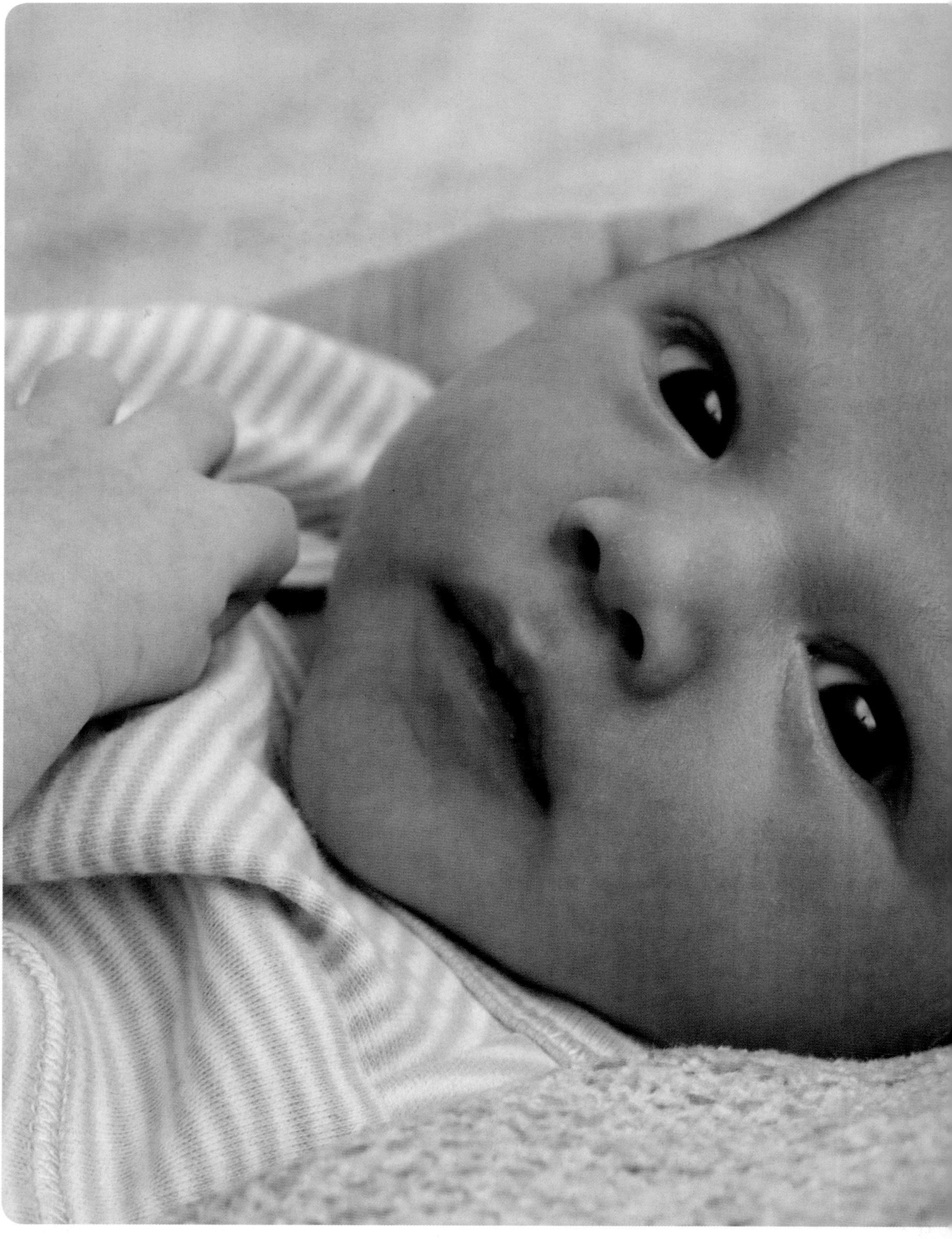

Les 2 premiers mois

VOTRE BÉBÉ VIENT DE NAÎTRE

Pendant ses premières semaines, vous aurez peut-être l'impression que votre bébé ne fait que manger et dormir. Détrompez-vous : dès le début, le processus de croissance et d'acquisition de compétences s'engage et l'aide à s'adapter à son environnement.

SOCIALISATION

Les premières semaines, le bébé est entièrement focalisé sur sa relation avec sa maman et sa famille proche. Il réagit en portant son regard et sa tête vers les personnes qu'il a l'habitude de côtoyer. Leur silhouette, leur voix et leur odeur familières le rassurent. Dès la naissance, il recherche le contact avec vous : il vous regarde dans les yeux, il utilise ses pleurs et les mouvements de son corps pour vous appeler, et il vous montre qu'il aime être contre vous en se calmant dès qu'il est dans vos bras. Vers l'âge de 6 semaines, il vous gratifie déjà d'un sourire, suivi de nombreux autres quand il voit la joie que cela suscite chez vous. Les premiers mois, lorsqu'il ressent une émotion ou une sensation physique, le bébé a besoin que vous le preniez dans vos bras pour l'apaiser. Ce contact suffit à le rassurer et à le convaincre que les émotions fortes n'ont rien d'effrayant. En répondant à ses attentes, vous l'aidez à s'épanouir.

MOTRICITÉ

À la naissance, le bébé ne contrôle pas vraiment son corps. Il ne tient pas sa tête et la plupart de ses mouvements sont des réflexes, c'est-à-dire des réactions automatiques à son environnement, comme le réflexe de succion, qui lui fait tourner la tête quand on lui caresse la joue et chercher quelque chose à téter. Ces réflexes dits « archaïques » disparaissent vers l'âge de 3 mois. Incapable de contrôler ses mouvements au début, le bébé va rapidement évoluer vers une motricité volontaire et moins anarchique. Son développement musculaire va d'abord lui permettre de tenir sa tête et son cou droits.

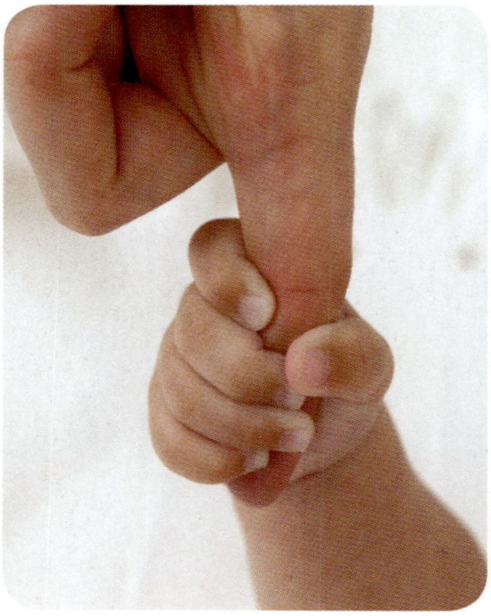

Réflexe d'agrippement Le bébé saisit automatiquement tout ce qui lui touche la paume de la main, votre index, par exemple.

Sourire Vers six semaines, il commence à faire preuve d'une compétence sociale qui vous fera fondre : le sourire intentionnel.

PRÉHENSION

Dès la naissance, le nouveau-né est capable d'agripper quelque chose. Mais il s'agit d'un réflexe archaïque, et il faut attendre qu'il ait disparu pour que sa motricité fine (contrôle des mouvements effectués par les muscles des mains et des doigts) commence vraiment à se développer. Le réflexe d'agrippement (ou de grasping) lui fait enrouler automatiquement ses doigts autour des vôtres quand vous appuyez sur sa paume. Mais il n'exerce pas encore ses capacités tactiles de façon consciente. Il commence néanmoins à affiner ses mouvements en tendant les bras, les mains et les doigts. Dès l'âge de 2 mois, il est capable de tendre la main vers un jouet.

COMMUNICATION

Votre bébé a un besoin intense de communiquer. Il a envie de vous comprendre et d'être compris par vous. Les premiers jours, il communique ses besoins essentiellement à travers ses pleurs. Mais la communication ne se limite pas aux sons, elle passe par le langage corporel et le regard. Dès la naissance, il vous envoie des messages indiquant ce qu'il ressent et ce qu'il veut en vous regardant dans les yeux et en bougeant. En vous intéressant à lui, en le regardant, en le touchant et en lui parlant doucement, vous répondez à ces messages. Cet échange constitue la base de la réciprocité

indispensable à toute forme de communication ou de « conversation ».
Très tôt, votre bébé va observer les mouvements de votre bouche et écouter avec délice les sons que vous produisez. Cette attention traduit ses premières tentatives pour vous comprendre. Il essaiera ensuite de vous imiter et de reproduire ce que vous faites.

Tout dans le regard Dès la naissance, le nouveau-né cherche le regard de sa maman et le soutient quand elle le contemple avec amour. C'est ainsi que vous allez commencer à communiquer et forger un lien durable.

DÉVELOPPEMENT INTELLECTUEL

Les efforts que fait votre bébé pour regarder, écouter et apprendre sont autant de connexions qui s'établissent entre les neurones. À la naissance, son cerveau est constitué de plus de dix milliards de neurones qui ne sont pas encore connectés les uns aux autres. Ces connexions (ou synapses) permettent le passage des informations, base des apprentissages. Chez le nouveau-né, certaines connexions existent déjà, ce qui lui permet d'accomplir immédiatement des choses essentielles telles que tourner la tête, déglutir et téter. Plus un évènement se produit fréquemment – comme le fait de voir votre visage ou de vous entendre prononcer son nom – plus les relations entre les neurones sont fortes et mieux il les utilise.
Au cours de ses deux premières années, votre bébé découvre des concepts importants pour comprendre son environnement. Le premier c'est l'imitation, dont les bases existent à la naissance et dont il se servira en permanence pour acquérir de nouvelles compétences.

Observation Dès le début, le bébé observe son environnement et absorbe les informations qu'il lui fournit.

Des relations fondamentales Les premiers mois, le bébé tisse des liens avec les personnes qui comptent le plus pour lui. Plus les aînés passeront de temps avec lui, plus leur relation a des chances d'être forte.

Socialisation

Renforcer les liens

Votre nouveau-né est prêt à s'engager dans les relations qui compteront le plus pour lui : la relation avec vous et celle qu'il partagera avec son père. Pour démarrer le mieux possible, prenez le temps de regarder, de toucher et de découvrir cet être minuscule auquel vous avez donné la vie.

Comment et pourquoi le stimuler

Quand vous tenez votre bébé contre vous, regardez-le dans les yeux. Dès les heures qui suivent la naissance et pendant ses premiers jours, mettez-le de temps en temps nu contre votre peau.

★ Il crée un lien avec vous. Ce lien servira de modèle aux autres relations qu'il tissera ensuite.

★ Il éprouve un sentiment de sécurité. Au début, c'est en le tenant tout contre vous que vous lui procurerez cette sensation.

★ Il reste calme. Les simulations de son environnement sont parfois excessives. En le touchant, vous l'aidez à s'apaiser.

★ Il vous sent proche. Il a besoin de savoir que vous êtes près de lui et que vous allez satisfaire ses besoins.

★ Il pleure moins. Le contact peau contre peau limite les pleurs et favorise l'instauration de liens affectifs.

MÉMO

Le contact avec le monde extérieur sera peut-être une épreuve pour votre nouveau-né : mettez-le nu contre votre peau, touchez-le et parlez-lui doucement pour que les premières heures soient les plus agréables possibles.

Peau contre peau Votre bébé a vécu dans un nid douillet et rassurant pendant neuf mois. Le fait de se retrouver à l'air libre, de pouvoir se mouvoir sans contrainte représente un choc. Pour le sécuriser, tenez-le contre vous, si possible peau contre peau.

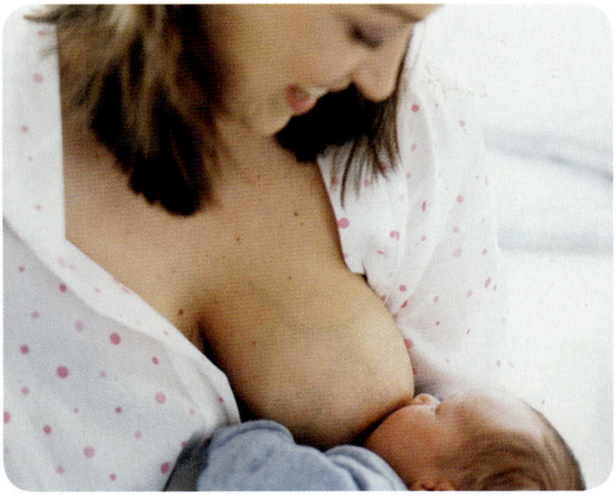

Tétée Que vous lui donniez le sein ou le biberon, le repas est le moment idéal pour vous intéresser exclusivement à lui. Regardez-le, caressez-lui la joue s'il cesse de téter et profitez de l'instant présent.

Et le papa Pour lui aussi, le contact peau à peau est un moyen de tisser des liens forts avec son bébé. Les sensations qu'il éprouve sont comparables à celles de la maman qui allaite.

La méthode « kangourou »

Elle consiste à tenir son bébé comme le fait la maman kangourou, dans les heures et les jours qui suivent la naissance.

Les bienfaits d'un contact intime Le fait de poser votre bébé sur votre poitrine ou votre ventre est un moyen de favoriser l'attachement. Idéalement, il faut commencer juste après la naissance, mais il n'y a pas de limite dans le temps et vous pouvez (le papa et vous) continuer à le faire pendant plusieurs semaines. Faites attention à ne pas trop le serrer. Couvrez-le avec une couverture pour qu'il n'ait pas froid.

La méthode kangourou est souvent conseillée aux parents de bébés prématurés. Il est prouvé que ces derniers grossissent plus vite et régulent mieux leur température corporelle lorsqu'ils bénéficient d'un contact peau à peau.

Chaleur et sécurité Couché contre vous, votre bébé est parfaitement rassuré. Après avoir passé neuf mois dans le cocon de votre utérus, il a besoin de se blottir contre vous pour se sentir en sécurité.

Socialisation

Un sentiment de sécurité

Rien n'est plus rassurant pour un nouveau-né que d'être blotti dans les bras de sa maman ou dans une couverture. Qu'il soit emmailloté, tenu dans vos bras ou bordé dans son berceau, le sentiment de sécurité l'apaisera.

Comment et pourquoi le stimuler

Emmaillotez votre bébé, tenez-le contre vous ou couvrez-le d'une couverture pour lui donner le sentiment d'être maintenu.

★ Il se sent en sécurité. Quand vous le tenez contre vous, votre odeur et le son de votre voix le rassurent. Il comprend que vous serez toujours là pour le réconforter.

★ Il s'endort mieux. Le fait d'être légèrement emmailloté l'empêche de sursauter avec des mouvements désordonnés des bras (réflexe de Moro, voir p. 27), phénomène qui risque de perturber son sommeil.

★ Il peut mettre son poing dans sa bouche. Emmaillotez-le dans une couverture légère, les mains près de la bouche, pour qu'il puisse les sucer et se rassurer quand il en a envie.

Emmaillotage Certains bébés apprécient d'être emmaillotés, car ils retrouvent la sensation qu'ils avaient lorsqu'ils étaient dans le ventre de leur maman. Ne lui couvrez pas la tête et vérifiez régulièrement qu'il n'a pas trop chaud.

Un sommeil plus facile à trouver Un bébé bien bordé ou emmailloté trouve plus facilement le sommeil. Il suffit d'une couverture légère pour lui donner le sentiment de retrouver les limites du ventre maternel.

MÉMO

Pour être certaine qu'il ne risque rien pendant son sommeil, couchez-le sur le dos, les pieds contre le bout de son lit pour qu'il ne glisse pas sous son drap ou sa couverture.

Socialisation

Les yeux dans les yeux

Vous êtes le centre de l'univers de votre nouveau-né. Durant ses premiers jours, il cherche votre regard et ne regarde que vous. Vous ne résisterez pas au plaisir de lui rendre son regard, renforçant ainsi le lien qui vous unit.

Fascination Le nouveau-né est plus attiré par les visages que par les images ou les objets. Laissez-le vous regarder autant qu'il en a envie. Approchez votre visage tout doucement et prévenez-le en murmurant.

Je te vois La distance idéale pour que le nouveau-né puisse fixer quelque chose est de 20 à 25 cm. Approchez-vous assez pour qu'il puisse bien voir votre visage avant de lui rendre son regard.

Imitation Juste après la naissance, le nouveau-né est capable d'imiter les mimiques du visage de sa maman. Dans son porte-bébé ou dans vos bras, faites en sorte qu'il voie votre visage et regardez-le vous imiter.

Comment et pourquoi le stimuler

Tenez votre bébé tout près de vous, face à vous, la tête bien soutenue pour qu'il puisse regarder autour de lui.

★ Il peut observer les expressions et les mouvements de votre visage. Il développe ainsi son aptitude à imiter, ce qui l'aidera ensuite dans ses apprentissages.

★ Il communique ses sentiments. En observant attentivement le visage de votre bébé, vous apprenez à lire ses expressions et à réagir aux émotions qu'il vous communique.

★ Il découvre son environnement. Tout ce qu'il voit fournit des informations essentielles à son cerveau.

Socialisation

L'effet miroir

Sur le plan affectif, la vie de votre nouveau-né s'apparente aux montagnes russes. Il ressent tour à tour amour, joie, peur et frustration. Pour apprendre à surmonter ses émotions, il vous observe.

Comment et pourquoi le stimuler

Observez les sentiments exprimés par votre bébé et aidez-le en les lui renvoyant, par un effet de miroir.

★ Il est rassuré quand il est submergé par des émotions fortes. Il apprend à ne pas en avoir peur.

★ En nommant les émotions qu'il ressent, vous commencez à lui apprendre à les exprimer avec des mots.

★ Il vous fait savoir comment il se sent. Vous apprenez à déchiffrer ses expressions, ses humeurs et son langage corporel ; plus il se livre, mieux vous le comprendrez.

Imitation Pour familiariser votre bébé avec les émotions fortes, reproduisez l'expression que vous lisez sur son visage. Atténuez-la, en penchant légèrement la tête pour montrer que vous le comprenez.

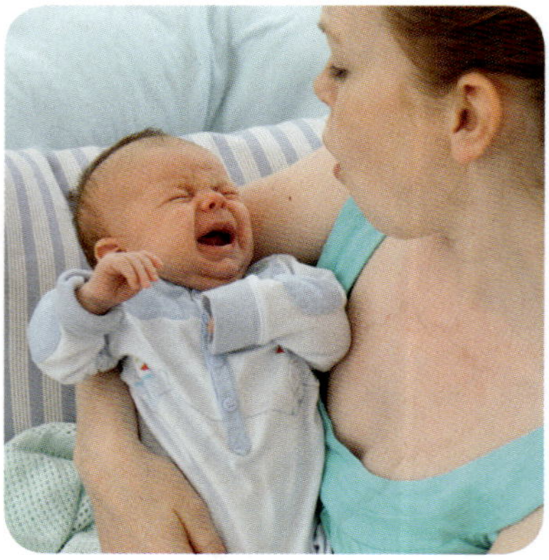

Mettez des mots sur ses émotions Il n'est jamais trop tôt pour nommer les émotions. Commentez ses expressions, en lui disant par exemple : « Tu es vraiment en colère » ou « C'est quoi, cet air triste ? »

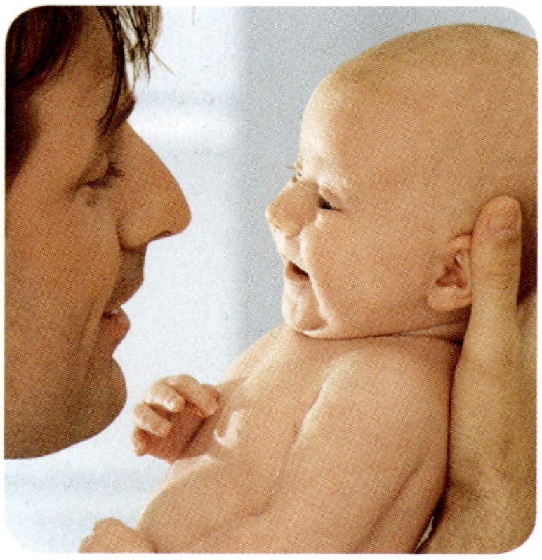

Sourire Vers 6 semaines, quand il vous adresse son premier vrai sourire, réagissez en lui faisant un grand sourire et en vous exclamant. Comprenant que cela vous plaît, il recommencera plus volontiers.

Exagération Votre bébé essaie de lire sur votre visage ce que signifient vos mimiques. Pour qu'il comprenne que vous êtes content ou étonné, par exemple, accentuez votre sourire, écarquillez les yeux…

MÉMO

En tenant votre bébé contre vous les premières semaines de sa vie, vous renforcez l'attachement qui vous lie car vous pouvez ainsi identifier et partager ses émotions.

Socialisation

Premières rencontres

Dès les premiers mois, les rencontres sont bénéfiques. Pour vous, rencontrer d'autres parents est un moyen de voir du monde et d'échanger des conseils. Pour lui, passer un moment à côté d'autres bébés est une expérience nouvelle.

Pensez à tout Préparez de quoi le distraire. Emportez l'indispensable, mais aussi son hochet et ses jouets en tissu préférés, et une petite couverture pour l'envelopper.

Qui es-tu ? Installez votre bébé dans un transat ou tenez-le dans vos bras, la tête tournée vers l'extérieur pour qu'il voie les autres enfants. C'est en les regardant qu'il fera connaissance avec eux.

Comment et pourquoi le stimuler

Provoquez des rencontres avec d'autres enfants.

★ Il s'habitue ainsi aux autres. Il est encore trop petit pour se faire des copains, mais il prendra plaisir à découvrir d'autres visages, d'autres voix et d'autres odeurs.

★ Il rencontre de futurs petits copains. Les enfants de vos amis seront plus tard ses compagnons de jeux.

★ C'est une expérience nouvelle. Changer de cadre est un bon moyen pour s'ouvrir à de nouvelles sensations.

Réunions familiales Les réunions qui rassemblent vos parents proches sont une excellente occasion pour que votre bébé fasse connaissance avec tous ceux, jeunes et moins jeunes, qu'il côtoiera en grandissant.

Pas de précipitation Lorsque vous commencez à socialiser votre bébé, limitez-vous à des petits groupes et ne restez pas trop longtemps. Dès qu'il en a assez, partez.

Socialisation

Les aînés

Ils sont tour à tour leur meilleur copain, leur protecteur ou leur compagnon de jeux : les frères et sœurs jouent toutes sortes de rôles auprès du petit dernier. Mais ils ont parfois du mal à s'habituer à la présence d'un nouveau venu et ont besoin que vous les aidiez à trouver leurs marques.

Comment et pourquoi le stimuler

Dans l'intérêt du petit dernier et des aînés, laissez ces derniers vous aider à donner les soins au bébé et jouer avec lui.

★ Ils se sentent proches. Ils apprennent à mieux se connaître et s'attacheront davantage les uns aux autres s'ils passent du temps ensemble.

★ Ils commencent à se comprendre mutuellement. Pour pouvoir communiquer, il faut qu'ils aient l'habitude d'échanger.

★ Ils prennent conscience que vous les aimez toujours aussi fort et tous comptent pour vous. Vos aînés ont besoin de savoir qu'ils ont un rôle à jouer auprès du bébé. Vous éviterez ainsi qu'ils se sentent délaissés.

★ Ils s'amusent ensemble – et cela va durer encore un moment !

★ Ils sont moins jaloux. Si l'attachement réciproque est fort, vos enfants ont moins de chances d'avoir des sentiments négatifs les uns pour les autres.

Petit coup de main Faites participer votre aîné. Demandez-lui de vous aider, par exemple en vous passant le gant de toilette ou en vous aidant à bercer le bébé dans son transat.

Jeux Partagez des jeux en famille. Votre aîné peut, par exemple, tendre des jouets à son petit frère ou sa petite sœur pour qu'il les touche, les balaie de la main ou les regarde.

Moments de calme Les moments paisibles passés ensemble, à lire un livre, par exemple, ou simplement à se regarder et à se sourire, permettent à vos enfants d'accroître petit à petit leur confiance réciproque.

Des gestes doux Montrez à l'aîné comment toucher et caresser son petit frère avec des gestes doux, en guidant sa main et en lui demandant de faire comme vous. Plus il donnera et recevra d'affection, plus il se sentira proche de lui.

Un temps pour chacun Consacrez chaque jour un peu de temps à votre aîné. Laissez-le se blottir contre vous, lisez un livre, faites un puzzle ou un jeu de construction ensemble. Il partagera plus volontiers sa maman s'il sait qu'il peut vous avoir de temps en temps pour lui tout seul.

Comment gérer les crises de jalousie

Votre aîné était l'objet de toutes vos attentions et le voilà obligé de partager sa place avec un nouveau venu. Il est parfaitement normal qu'il ressente un peu de jalousie, mais ne laissez pas les choses se dégrader.

Rassurez-le Même si vous lui consacrez beaucoup de temps et que vous le faites participer aux soins du bébé, il arrivera un moment où votre aîné aura envie de renvoyer le nouveau venu d'où il vient. Il voudra que les choses redeviennent comme avant, quitte à jouer lui-même au bébé. Même si cela vous agace, ne le rembarrez pas. Il vaut mieux le rassurer en le serrant dans vos bras et en lui faisant des câlins.

Surveillez-les Votre aîné peut se mettre en colère contre le bébé et être un peu brutal, voire lui faire du mal sans le vouloir. Il ne mesure pas sa force, ni la vulnérabilité d'un tout-petit. Pour éviter ce genre de problème, surveillez-les attentivement quand ils sont ensemble. Pour des raisons de sécurité, ne laissez jamais un grand seul avec un nouveau-né, même pour un court instant.

Qu'est-ce qu'il ne faut pas faire ? Ne privez pas votre aîné de ses privilèges (lecture, jeux…) d'avant. Évitez de lui demander de devenir mature trop rapidement en attendant trop de lui. Enfin, faites attention aux visites qui s'intéressent le plus souvent au nouveau-né uniquement.

Socialisation

Massages-caresses

En massant quotidiennement votre bébé, vous aurez le plaisir de vous consacrer exclusivement à lui. À travers vos mains, vous pourrez à la fois communiquer avec lui et l'apaiser.

Quelques conseils

Pour que le massage reste un moment de plaisir et de détente, respectez quelques règles.

Commencez les massages dès les premiers mois. Certains spécialistes conseillent d'attendre six semaines, d'autres préconisent de commencer plus tôt – dans ce cas, évitez toute la zone du nombril, car elle peut être sensible.

Évitez de masser votre bébé dans les trente minutes qui suivent un repas car les caresses sur un ventre plein ne sont pas très agréables.

Si vous voulez qu'il se détende, massez votre bébé pendant au moins dix minutes.

Ne massez pas votre bébé s'il est malade ou qu'il vient d'être vacciné.

Choisissez soigneusement votre huile de massage. Préférez les huiles végétales aux huiles à base de paraffine. Évitez les produits parfumés ou à base d'huiles essentielles, ainsi que ceux susceptibles de provoquer une réaction allergique, comme l'huile de sésame ou d'arachide.

Arrêtez le massage dès que votre bébé se détourne, se tortille ou pleure.

Déshabillez-le ou laissez-lui juste sa couche, ce qui signifie que la température de la pièce doit être agréable et qu'il doit être allongé sur un matelas ou une serviette douillets. Diminuez l'éclairage ambiant pour accentuer la sensation de calme.

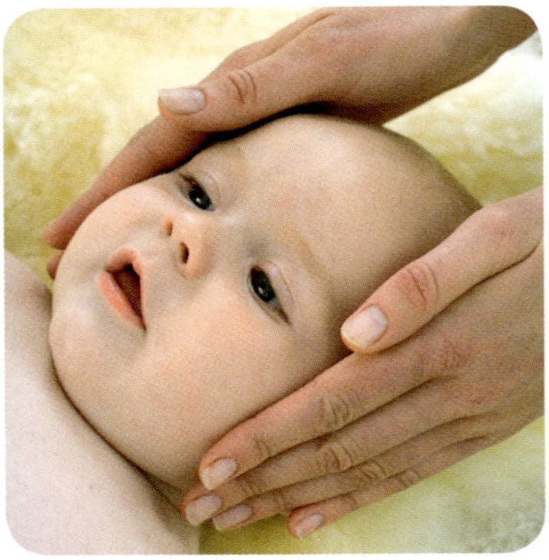

1 **Caressez doucement son visage et sa tête.** Effleurez son front, ses joues et ses lèvres du bout des doigts. Passez-les ensuite le long des joues, en partant des ailes du nez.

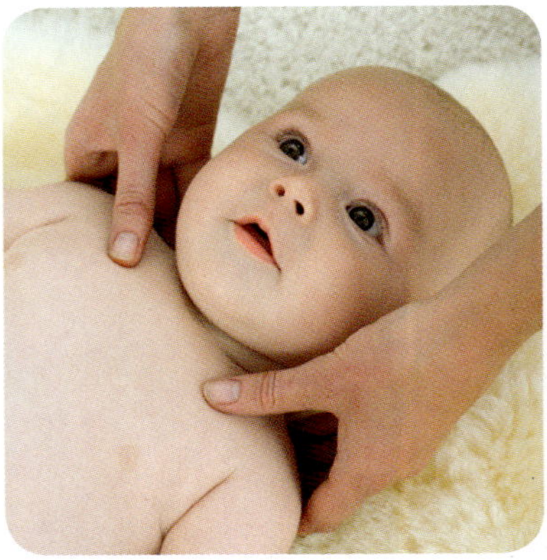

2 **Enserrez ses épaules** et caressez-lui doucement le haut du dos et les épaules. Décrivez des cercles et faites des mouvements de balayage doux.

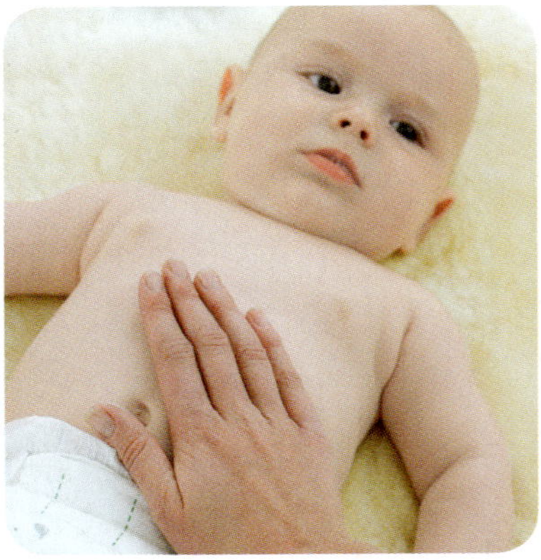

3 **Frottez tout doucement** son torse et son abdomen avec la paume de votre main. Faites-la tourner dans le sens des aiguilles d'une montre, puis en sens inverse. S'il n'apprécie pas, n'insistez pas.

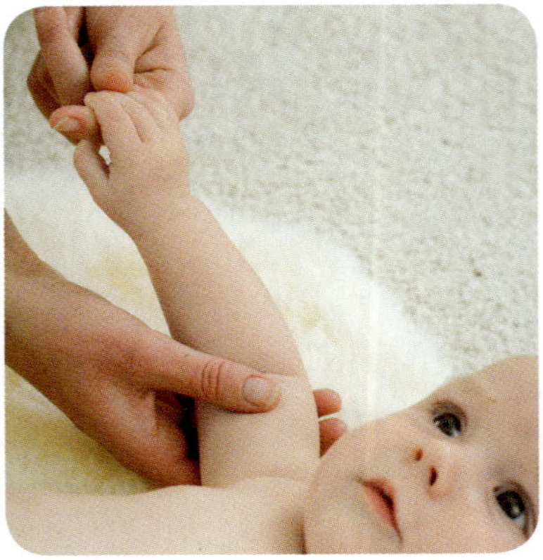

4 **Prenez-lui la main** et tendez-lui délicatement le bras. De l'autre main, effectuez des allers-retours le long de son bras, en le pressant légèrement. Recommencez avec l'autre bras.

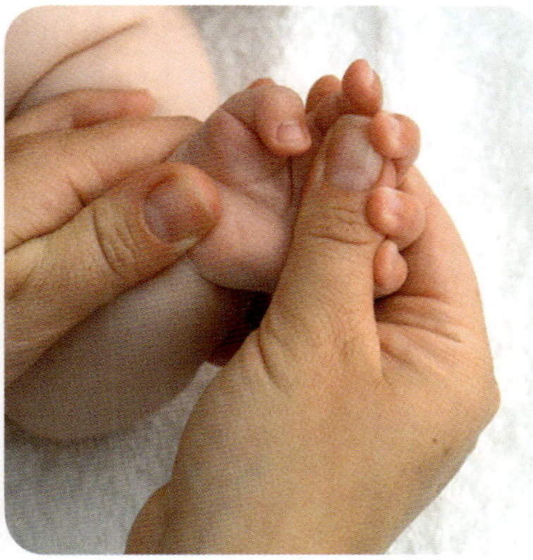

5 **Prenez-lui la main** et caressez-lui la paume. Effectuez des mouvements circulaires du bord vers le centre. Recommencez avec l'autre paume.

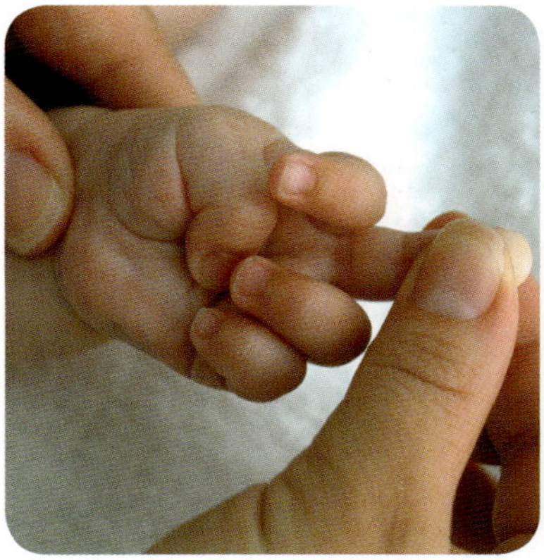

6 **Prenez successivement chacun de ses doigts** et dépliez-les délicatement, puis massez-le du bas vers le haut. Terminez par le pouce, puis faites de même avec l'autre main.

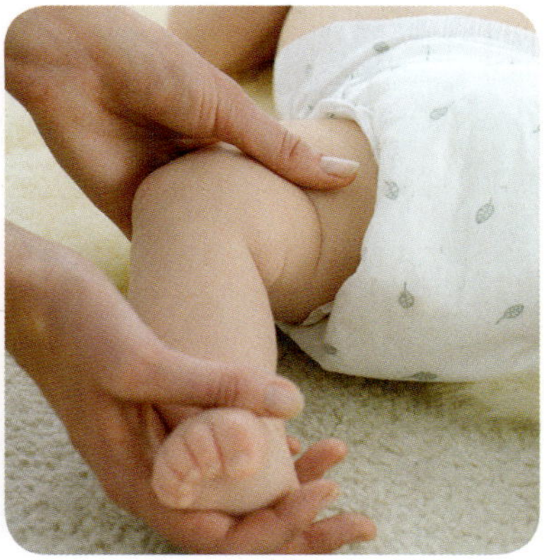

7 **Prenez sa cheville** dans votre main, soulevez-lui légèrement la jambe et massez-la de l'autre main, de haut en bas. Reposez-la doucement et recommencez avec l'autre jambe.

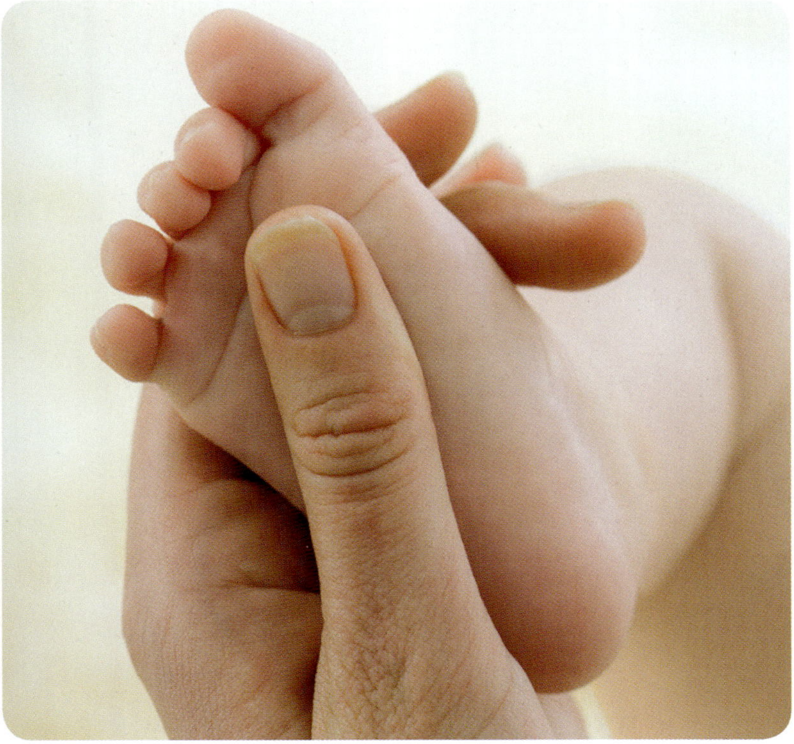

8 **Terminez par les pieds.** Prenez-en un dans votre main et massez-le en entier, en effectuant des mouvements circulaires sur toute la plante et en tirant ensuite doucement sur chaque orteil. Faites la même chose avec l'autre pied.

Comment et pourquoi le stimuler

Massez régulièrement votre bébé.

★ Il se sent proche de vous. L'harmonie que crée le contact tactile renforce le lien qui vous unit.

★ Il se détend. Les mouvements doux et rythmés ont un effet apaisant.

★ Il pleure moins et dort mieux. Il sait que vous êtes à l'écoute de ses besoins et cela l'aide à se calmer.

★ Vous le soulagez s'il souffre de coliques ou de gaz. Le massage est un bon moyen d'atténuer ce type de douleurs.

Motricité

Des sensations nouvelles

Votre bébé découvre chaque jour des sensations nouvelles ! Il adore se sentir en contact avec vous, mais ne connaît pas encore les limites de son propre corps et du monde extérieur.

Comment et pourquoi le stimuler

N'hésitez pas à toucher, caresser, tapoter ou embrasser votre bébé.

★ Il découvre comment son corps fonctionne. Il reçoit des informations sous forme de perceptions sensorielles, de signaux émis par les terminaisons nerveuses et transmis au cerveau à chaque fois que vous le touchez.

★ La perception de son corps lui procure du plaisir. Chaque caresse de votre part lui montre le bien-être que procure un contact tactile.

★ Il découvre la notion d'échange. À chaque contact, laissez-lui un peu de temps pour réagir et enregistrer la sensation qu'il éprouve.

Moments de tendresse Caressez-lui les cheveux, prenez sa tête dans votre main pour qu'il se sente proche de vous. Soutenez bien sa tête pendant que vous le caressez. Il se détendra au contact de votre main.

MÉMO

L'amélioration du contrôle musculaire commence par la tête. Votre nouveau-né ne pourra pas maîtriser les mouvements de ses bras et de ses jambes tant qu'il ne sera pas capable de tenir sa tête droite.

Bisous En lui faisant des petits bisous sur les mains et les pieds, en prenant sa main dans la vôtre ou en le laissant agripper votre index, vous lui faites prendre conscience de ces parties importantes de son corps.

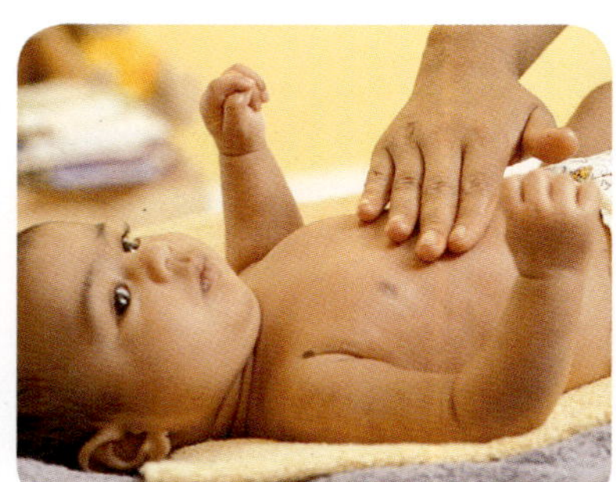

Encore ! Votre bébé adorera sentir les caresses rythmées de votre main sur son corps.Touchez-le avec la légèreté d'une plume et il en redemandera en se tortillant de plaisir.

Motricité

Le contact tactile

Votre bébé découvre avec bonheur que son corps peut se mettre en mouvement. Quand il bouge les bras, quand il se tortille et quand vous jouez à le toucher et à le chatouiller, il prend conscience de chaque partie de son corps.

Des mots et des gestes Les bébés adorent les comptines qui associent des contacts tactiles aux mots. Chacun de vos gestes, à force d'être répété, finit par lui faire prendre conscience de la position de ses bras, de ses jambes, de ses doigts et de ses orteils.

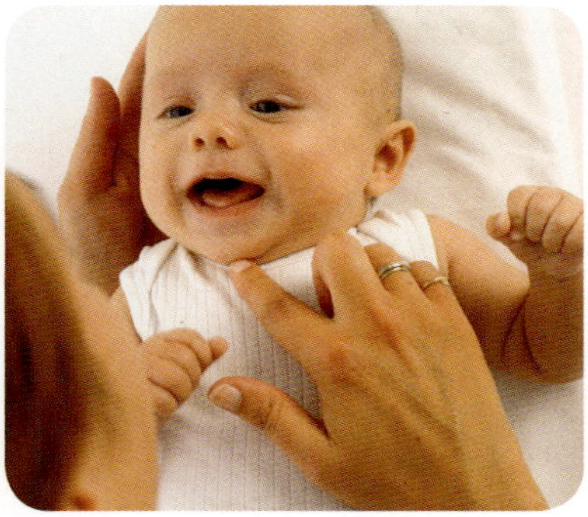

Chatouilles Ces séances (à condition qu'elles soient courtes) sont un vrai bonheur pour lui. Elles stimulent ses mains, ses pieds et tout son corps. Observez les messages corporels qu'il vous envoie pour savoir si vous devez continuer ou s'il a envie que vous arrêtiez.

Bisous sonores Soufflez doucement contre la peau de son ventre pour faire un petit bruit de pet et regardez-le réagir, par exemple en agitant les bras et les jambes. Recommencez tant que cela l'amuse.

Comment et pourquoi le stimuler

Faites prendre conscience à votre bébé de ses mouvements en jouant avec lui.

★ Il prend conscience de son corps. Les informations que ses articulations transmettent au cerveau quand il bouge participent à son développement intellectuel.

★ Il exerce sa motricité. Plus il apprécie vos jeux, plus il utilise son corps.

★ Il prend conscience de ses mains et de ses pieds. En jouant avec ses doigts et ses orteils, vous lui faites comprendre qu'il s'agit d'éléments indépendants les uns des autres.

Motricité

Incitez-le à bouger

En découvrant comment se tourner ou tendre la main vers un objet, votre bébé apprend chaque jour un peu plus. Au début, ses mouvements ne sont que des réflexes, mais il va bientôt bouger volontairement ses membres et son corps.

Comment et pourquoi le stimuler

Donnez-lui des occasions de bouger.

★ Il prend plaisir à mobiliser son corps.

★ Il utilise ses muscles. Les réflexes archaïques présents à la naissance disparaissent et les mouvements de ses bras et de ses jambes deviennent petit à petit volontaires.

★ Il voit ses mouvements autant qu'il les perçoit. En regardant bouger ses bras et ses jambes, sa coordination main-œil progresse.

★ Il joue. Il aime quand vous participez et vous montre qu'il est content en gigotant.

Au niveau du sol Posez-le par terre sur un tapis pour qu'il puisse s'exercer à bouger ses membres. Il adorera donner des coups de pied et agiter ses bras.

Coups de pied Il est attiré par les jouets et les hochets accrochés à son mobile ou à son portique d'éveil, qu'il essaie de toucher en agitant les bras et les jambes.

Ensemble Installez-vous au même niveau que votre bébé, sur un lit ou par terre, et reproduisez tous ses mouvements. Votre présence l'incite à bouger encore plus que d'habitude. Décrivez ses mouvements pour qu'il sache que vous l'observez attentivement.

MÉMO

Au début, les membres du nouveau-né sont fléchis. Les mouvements désordonnés qu'il fait développent progressivement sa musculature et il peut alors les déployer.

Chatouilles Caressez-lui les orteils avec une peluche ou agitez tout doucement un jouet qui fait du bruit à proximité de ses pieds et attendez sa réaction. Encouragez-le par des sourires et des exclamations de joie quand il donne des coups de pied.

Évitez la surstimulation

Même si votre bébé est avide d'expériences nouvelles, le risque de surstimulation n'est jamais exclu. Observez-le et guettez les signes indiquant qu'il en a assez.

Trop, c'est trop Votre bébé peut en avoir assez parce qu'il a joué trop longtemps ou parce qu'il y a trop de jouets ou trop de monde autour de lui. C'est à vous d'être attentive et de le laisser tranquille si cela suffit.

Un temps pour jouer Suivant leur tempérament, les bébés ne réagissent pas tous de la même façon aux stimuli. Un bébé sensible sera vite fatigué par une activité ou un bruit intense, alors qu'un autre les supportera très bien. C'est à vous de connaître le seuil de tolérance de votre bébé.

Un temps pour se reposer Plusieurs signes peuvent indiquer qu'il est temps d'arrêter : il bâille, il fronce les sourcils, il se détourne, il s'agite... Dans ce cas, arrêtez immédiatement de jouer avec lui ou de lui proposer ses jouets et laissez-le se reposer ou, simplement, regarder tranquillement ce qui se passe autour de lui.

Mesurez vos gestes La manière dont vous présentez les jouets et les activités à votre bébé influe sur le plaisir qu'il y prend. Un bébé préfère qu'on approche ses jouets de lui doucement. Un simple portique d'éveil peut lui paraître énorme et l'effrayer si on l'installe devant lui d'un seul coup. Même chose si vous le posez un peu trop vite sur son tapis d'éveil. Si vous voulez qu'il soit réceptif et qu'il accepte volontiers de jouer, approchez-vous de lui sans précipitation.

Préhension

Agripper et toucher

Votre bébé est attiré par les mouvements, la lumière et les sons. Il se tourne et tend la main vers tout ce qui est à sa portée. Il voudrait contrôler ses bras, ses mains et ses doigts pour attraper ce qu'il veut.

Comment et pourquoi le stimuler

Votre bébé ne contrôle pas ses mouvements, mais il essaie de tendre ou d'agiter les bras pour saisir ce qu'on lui montre.

★ Il coordonne ses mouvements. Chaque geste adresse à son cerveau des informations essentielles sur la manière dont ses muscles et son corps fonctionnent.

★ Ces tentatives l'incitent à réessayer. À force de répéter les mêmes mouvements, il finira par y parvenir.

★ Il fait travailler ses mains et ses yeux de façon coordonnée. Il a besoin de s'entraîner à regarder et à agripper en même temps, cette coordination étant indispensable pour attraper quelque chose.

★ Il acquiert le contrôle des muscles de ses mains et de ses doigts. C'est ce qui permettra le développement de sa motricité fine.

MÉMO

Le développement de la motricité fine correspond à l'acquisition du contrôle des mouvements des mains, des doigts et des orteils et ne peut intervenir qu'une fois que le bébé commande bien ses bras et ses jambes.

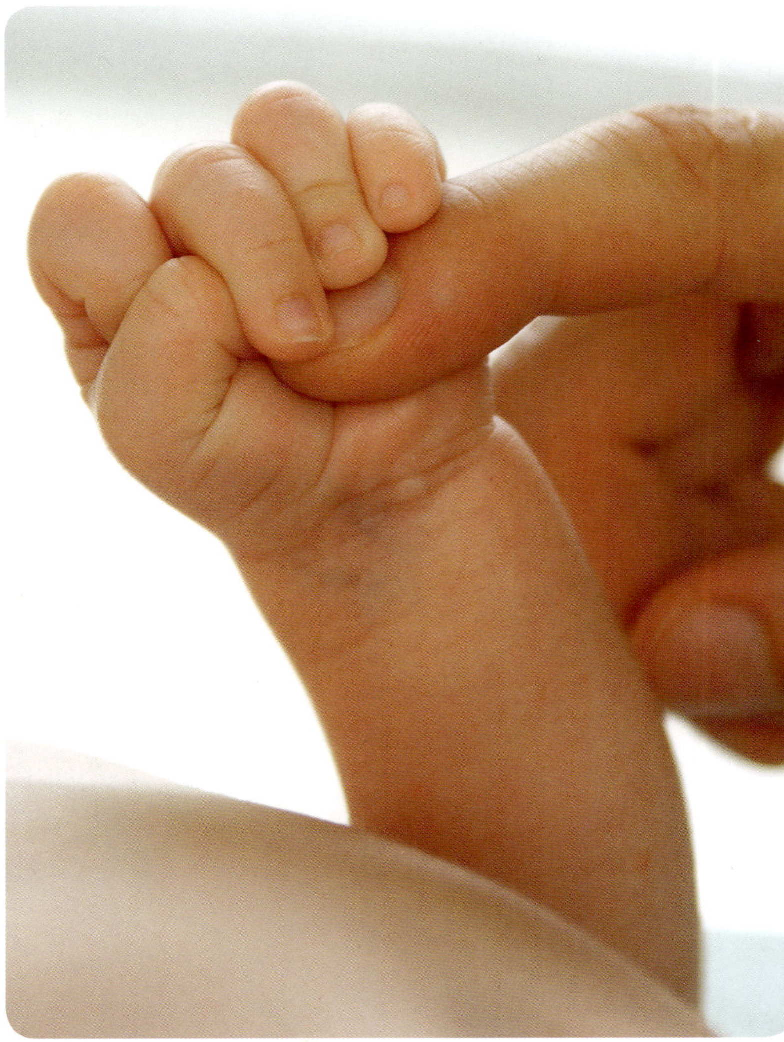

Réflexe d'agrippement Le nouveau-né agrippe automatiquement tout ce qui est en contact avec la paume de sa main. Faites-lui attraper votre doigt ou un hochet – il découvrira très vite qu'en le secouant, il produit un son.

Des jouets qui font du bruit Attirez son attention avec des jouets qui font du bruit : hochet-bracelet, tissu qui crisse ou jouet qui couine quand on appuie dessus. Il se tournera vers l'endroit d'où provient le son et bougera pour localiser l'objet qui le produit.

Sensations nouvelles Toucher différentes textures est un plaisir immense pour le nouveau-né, qui le pousse à explorer les objets et, le moment venu, à les prendre dans sa main. Donnez-lui l'occasion de toucher des tissus ou des jouets durs, mous, doux, spongieux…

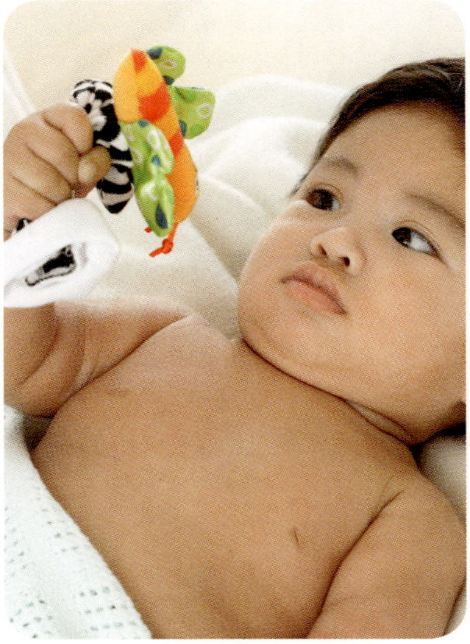

Des mains fascinantes Il tâte, porte à sa bouche et secoue tout ce qu'il a dans les mains. Ces gestes déclenchent une véritable fascination pour ses mains et ses doigts. Cet intérêt va durer plusieurs mois, au cours desquels il apprendra à manipuler les objets.

Les réflexes du nouveau-né

Baptisés réflexes archaïques ou réactions primaires, ils sont nécessaires à sa survie. Ce sont des mouvements involontaires qu'il effectue en réponse à divers stimuli – bruit, contact tactile ou mouvement, par exemple.

Réflexes de fouissement, de succion et de déglutition Quand vous lui caressez la joue, votre bébé se tourne vers votre main. Il suce tout ce qu'on lui met dans la bouche, puis déglutit. C'est ce qui explique qu'il sache prendre le sein ou le biberon dès la naissance.

Réflexe de marche automatique et réflexe de Moro Lorsqu'on tient le nouveau-né debout, les pieds en contact avec une surface dure, il fait quelques pas, comme s'il marchait. Le réflexe de Moro lui fait ouvrir les bras dès qu'il sent qu'on ne le tient plus, comme pour se protéger d'une chute.

Réflexe d'agrippement (ou de grasping) Le nouveau-né attrape automatiquement tout ce qui entre en contact avec la paume de sa main. Comme tous les réflexes archaïques, celui-ci disparaît vers l'âge de 3 ou 4 mois, et il peut alors saisir délibérément les objets.

Communication

Communiquer avec lui

Dans les mois qui viennent, vous et votre bébé allez chercher par tous les moyens à vous comprendre mutuellement. Que ce soit en lui parlant, en chantant, en le touchant ou en le regardant, vous lui apprenez toujours quelque chose et vous l'incitez à s'exprimer.

Comment et pourquoi le stimuler

Chantez, parlez-lui, touchez-le, regardez-le et lisez-lui des livres.

★ Il perçoit le rythme et les intonations du discours, qui sont la base du langage.

★ Il apprend à écouter et à réagir. C'est le début de la réciprocité propre à la communication.

★ Il utilise le toucher pour attirer votre attention. Cela vous aide à vous rapprocher tout en facilitant son développement cogitif et sensoriel.

★ Il s'entraîne à imiter. Il voit comment votre visage et votre bouche bougent, ce qui est essentiel dans la communication non verbale.

★ Il enrichit son vocabulaire. Plus vous lui parlez maintenant, plus son vocabulaire sera riche le jour où il parlera.

★ Il apprécie de communiquer. Cela lui donne envie de s'exprimer et lui permet de s'assurer que vous réagirez toujours quand il exprimera un besoin.

Grimaces Dès le début, votre bébé observe votre visage et votre bouche quand vous parlez. Exagérez vos expressions faciales quand vous vous adressez à lui. C'est en bougeant ses lèvres comme vous qu'il se mettra à babiller.

Chansons Il adore que vous lui chantiez des chansons. Choisissez-les avec des rimes pour l'habituer à la prosodie et à la sonorité des mots. Cela l'aidera plus tard quand il apprendra à parler, puis à lire.

Parlez-lui Gazouillez, murmurez ou parlez-lui. Commentez ce que vous faites et décrivez ce que vous voyez. Commencez à lui parler dès la naissance ; cela vous viendra naturellement.

Dans le bon sens Installez-le face à vous dans son porte-bébé ou sa poussette pour pouvoir lui parler plus facilement. Si vous voyez son visage et lui le vôtre, vous serez mieux en phase avec ses émotions et ses réactions.

Toucher Quand il tend les bras pour vous toucher, approchez-vous pour le laisser explorer votre visage, souriez et regardez-le dans les yeux pour renforcer le contact.

Communication

Comprendre ses messages

Votre bébé vous donne en permanence des indices sur ce qu'il ressent et il attend que vous les déchiffriez. Quand il pleure, gazouille, fronce les sourcils, agite les bras ou donne des coups de pieds, observez-le et écoutez-le.

Comment et pourquoi le stimuler

Déchiffrez les signaux qu'il vous envoie.

★ C'est un moyen pour lui d'obtenir ce dont il a besoin pour survivre. Chaque fois qu'il communique avec vous, il vous dit ce dont il a besoin pour que vous puissiez faire quelque chose pour le satisfaire.

★ Il comprend comment fonctionne la communication. Quand il vous envoie un signal et que vous réagissez, il comprend que cela vaut la peine de communiquer.

★ Il se sent rassuré. Le fait que vous veniez vers lui dès qu'il pleure lui confirme qu'il peut compter sur vous.

★ Il prend des habitudes. Au fur et à mesure qu'il grandit, notez les moments de la journée où il préfère téter, dormir ou jouer, et organisez sa journée autour de ces instants.

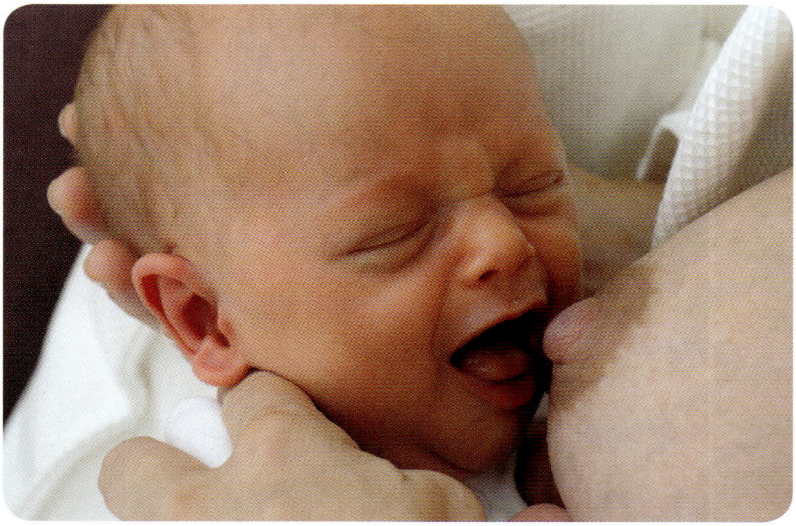

Besoin d'attention Vous remarquerez que les pleurs de votre bébé varient en tonalité et en intensité, et ont différentes significations. Au cours des premières semaines, vous apprendrez à identifier les pleurs qui signifient : « J'ai faim » ou « Je suis fatigué ».

MÉMO

D'après une étude récente, les bébés que l'on prend souvent dans les bras et que l'on nourrit à la demande pleurent moins, en moyenne, que ceux qui bénéficient d'un contact physique plus limité et d'horaires plus stricts.

Moments de repos Il y a un temps pour tout. Si votre bébé est éveillé, qu'il vous regarde, gazouille et lève les bras, vous pouvez continuer à jouer. S'il détourne la tête, pleure, bâille ou se renfrogne, arrêtez-vous.

Prend-moi contre toi Si votre bébé est submergé par des émotions fortes, tout ce que vous avez à faire, c'est de le prendre contre vous, de lui murmurer des paroles rassurantes et de le bercer ou le caresser.

J'ai sommeil Guettez les signes de fatigue de votre bébé. Il peut se tirer l'oreille ou se frotter les yeux. Dès que vous le voyez faire ces gestes, laissez-le se reposer. Si vous attendez trop longtemps, il sera trop fatigué et aura plus de mal à s'endormir.

Tranquille et satisfait Vous allez petit à petit déchiffrer les sons qu'il émet, ses pleurs et son langage corporel et vous comprendrez alors beaucoup plus facilement comment satisfaire ses besoins. Résultat : il sera content de son sort – au moins par moments.

Le premier sourire

Cela va sans doute vous sembler très long, mais vous verrez probablement le premier « vrai » sourire se dessiner sur le visage de votre bébé vers l'âge de six semaines.

Mieux que des pleurs Jusqu'à présent, il vous attirait à lui par des pleurs, mais maintenant qu'il a commencé à sourire, il dispose d'un moyen bien plus agréable d'attirer votre attention. Ce n'est pas une coïncidence si le temps passé à pleurer (environ deux heures par jour entre trois et six semaines) diminue progressivement dès qu'il commence à communiquer avec vous par le sourire.

Décodage Le sourire de votre bébé est authentique : il est vraiment heureux de vous voir et il sera au comble du bonheur si vous réagissez en vous exclamant. Faites « oh ! » ou « ah ! » et souriez-lui en retour. En lui rendant son sourire, vous lui montrez que la communication est un acte réciproque ; il vous dit qu'il est heureux en souriant et vous lui indiquez que vous avez compris en souriant à votre tour.

Développement intellectuel

Apprendre en regardant

Votre bébé est fasciné par les visages. Il aime les motifs voyants et préfère les images et les objets noir et blanc. Au fur et à mesure que les muscles des yeux se développent, il distingue de mieux en mieux ce qui l'entoure.

Comment et pourquoi le stimuler

Donnez-lui plein de choses à regarder.

★ Il apprend à fixer son regard. Les motifs voyants et distincts l'aident à focaliser son regard et permettent le développement de son cortex visuel.

★ Il apprend à dissocier les perceptions sensorielles. Au début, son cerveau a du mal à les séparer. Il peut, par exemple, avoir une perception à la fois visuelle et auditive d'un bruit intense.

★ Il commence à suivre des yeux le déplacement d'un objet – par exemple, un jouet qui passe lentement devant lui.

★ Il apprend à distinguer les couleurs. Même s'il aime le noir et blanc, il a besoin de voir d'autres couleurs pour découvrir son environnement. Proposez-lui des jouets colorés.

MÉMO

Les connexions au niveau du cerveau de votre bébé (synapses) sont une réponse directe aux stimulations qu'il reçoit par votre intermédiaire. La création des synapses atteint son apogée vers l'âge de trois ans.

Contraste Il distingue plus facilement les motifs très contrastés. Captez son regard avec des livres, des mobiles ou des jouets aux motifs noir et blanc bien définis.

C'est moi, ça ? Il regarde son reflet mais ne se reconnaîtra pas avant l'âge de 6 mois, voire plus. Tenez-le devant un miroir ou proposez-lui un jouet sur lequel est fixé un miroir.

Couleur et animation Il est attiré par les objets de couleurs vives, qui bougent et qui brillent. Un mobile coloré, un jouet qui vibre (ou tout ce qu'il trouvera dans son champ de vision) l'aide à s'exercer à l'observation des objets en mouvement.

Visages Dès la naissance, le bébé regarde plus volontiers les visages que le reste du corps. Laissez-le observer le vôtre quand il tète. Montrez-lui des images simples de visages présentant diverses expressions et observez-le pour voir lesquels il regarde le plus.

Comment la vue de votre bébé se développe-t-elle ?

À la naissance, le bébé peut fixer ce qui se trouve à une distance de 20 à 25 cm, mais sa vision est floue. Au fil des semaines, sa capacité à fixer le regard et à distinguer les détails s'améliore. À 8 mois, il verra quasiment aussi bien que vous.

Connexions Les capacités visuelles de votre bébé sont liées au développement de son cerveau. À force de voir des motifs colorés, des couleurs différentes et des objets en mouvement, des liaisons entre ses neurones se créent et il commence à reconnaître les choses qu'il voit souvent. Sa perception de la profondeur se développe de la même façon vers l'âge de 3 à 5 mois. Avant cela, les spécialistes estiment que les bébés ont une vision en deux dimensions seulement.

Coordination des mouvements oculaires À la naissance, le bébé ne fait pas forcément fonctionner ses deux yeux de façon coordonnée. Par moments, vous le verrez peut-être loucher. Vers l'âge de 3 mois, il sera capable de suivre facilement des deux yeux un objet en mouvement. Si vous constatez qu'il louche systématiquement, prenez rendez-vous avec un médecin.

Les couleurs Le nouveau-né est capable de distinguer les couleurs – au moins le rouge et le vert – vers l'âge de 2 semaines. Au début, il a du mal à distinguer les tons proches (rouge et orange, par exemple), mais sa perception des différentes teintes s'améliore entre 2 et 4 mois.

3-6 mois

VOTRE BÉBÉ SE DÉVELOPPE

À partir de 3 mois, la personnalité du bébé commence vraiment à transparaître. Sa mobilité s'améliore et une fois qu'il a appris à se retourner, il s'intéresse de façon beaucoup plus active à son environnement.

SOCIALISATION

De mois en mois, le cercle de votre bébé s'agrandit, passant d'une personne à un nombre de plus en plus important. Il prend progressivement conscience de son individualité et reconnaît les gens qui l'entourent. Mais vous restez le centre de son univers et votre relation avec lui le sécurise, lui donne confiance en lui pour aller voir ailleurs et lui sert de modèle pour sa relation avec les autres. À 3 mois, il sourit aussi bien aux étrangers qu'à ses proches et il regarde les autres bébés avec intérêt. Ses compétences sociales augmentent rapidement au fur et à mesure qu'il apprend à donner et à recevoir de l'affection, à babiller et à anticiper les évènements. Dès l'âge de 6 mois, il sait reconnaître des émotions simples, pleurer si quelqu'un pleure et réagir au ton de votre voix.

MOTRICITÉ

Il a envie de bouger et la satisfaction que lui procure le contrôle de son corps l'y encourage. Son développement physique commence par la tête et se poursuit vers le bas et les extrémités de son corps. Le contrôle des mains et des doigts, des jambes et des pieds ne vient qu'après. Il tient mieux sa tête, ce qui lui permet de pousser sur ses bras quand on le met sur le ventre. Très vite, il va acquérir suffisamment de force et de coordination pour commencer à se retourner.

PRÉHENSION

Votre bébé a envie d'attraper, de toucher, d'agiter tout ce qu'il voit ou entend. Il se concentre pour essayer de contrôler les muscles de ses bras, de ses mains et de ses doigts afin d'atteindre ce qu'il veut. Finalement, vers 3 mois, à force de s'exercer, il arrivera à saisir volontairement un objet et il pourra mieux contrôler les mouvements de ses mains. Mais le contrôle de ces mouvements n'est pas tout. Fixer et suivre des yeux les objets est essentiel pour diriger les bras et les mains avec précision : c'est ce qu'on appelle la coordination main-œil. Sa vue se perfectionne rapidement, en même temps que sa motricité fine et, vers l'âge de 3 mois, vous le verrez observer ses mains en essayant d'attraper un jouet. Même s'il tendait

Bien en main Sa capacité de préhension s'améliorant, il adore manipuler des livres et des jouets aux textures variées.

Laisse-moi toucher Quand il tend les bras pour vous toucher, approchez-vous pour lui permettre de palper votre visage.

Relation de cause à effet Donnez-lui des jouets qui lui permettront de constater que ses actions produisent une réaction.

déjà les mains vers ses jouets depuis l'âge de 2 mois, ce n'est que vers 3 mois qu'il peut les attraper.

COMMUNICATION

En bougeant les lèvres pour produire un son, votre bébé va faire des vocalises. À 3 mois, il produira des voyelles (« o » et « e », par exemple) et des couinements. Il commencera alors à vraiment babiller, avec de nombreuses répétitions de sons, comme « ba, ba, ba » et « ka, ka, ka ». Vous constaterez aussi qu'il écoute attentivement. Votre bébé va utiliser d'autres moyens pour faire savoir ce qu'il ressent. À 3 mois, il exprimera sa satisfaction en souriant, en tournant la tête vers vous et en se tortillant de plaisir. S'il n'est pas content, il le montrera en pleurant, en devenant tout rouge et en agitant les bras et les jambes.

DÉVELOPPEMENT INTELLECTUEL

Le cerveau de votre bébé se développe. Il est prêt pour les apprentissages. Tout ce qu'il voit, touche, goûte, sent ou entend est une ouverture sur le monde. Vous lui donnerez l'occasion d'explorer des choses nouvelles tout en les lui expliquant. Vers 3 ou 4 mois, il va réaliser que ses actions produisent parfois des effets. Ainsi, s'il pleure, vous venez le voir, s'il balaie un jouet de la main, celui-ci bouge. C'est la découverte de la relation de cause à effet.

Je l'aurai ! Encouragez votre bébé à tendre la main vers les objets en lui donnant des jouets colorés et qui font du bruit.

Tête relevée Il continue à se muscler le cou et il sera vite capable de garder la tête droite plus longtemps quand il est sur le ventre. Mettez des jouets qui se déplacent ou font du bruit devant lui ou à côté de lui pour l'inciter à redresser et à tourner la tête.

Socialisation

Moments de calme

Une relation forte est en train de s'établir entre vous et votre bébé. Faire connaissance exige du temps et de la patience. Instaurez des moments de communication silencieuse pour savourer le simple fait d'être ensemble.

Comment et pourquoi le stimuler

Partagez des moments tranquilles.

★ Il apprend à vous connaître. Ces instants paisibles vous permettent de vous concentrer l'un sur l'autre et de tisser des liens de plus en plus forts.

★ Il développe des compétences sociales. Sans bruit et sans jouets pour le distraire en permanence, il s'exerce simplement en vous regardant et en répondant à vos regards.

★ Il partage une expérience. Les liens sociaux se créent en passant du temps ensemble. Ces expériences partagées forment l'essentiel de votre relation.

★ Il se sent en sécurité. En étant près de lui, vous lui offrez un point d'observation sûr pour découvrir le monde.

Ensemble, c'est tout Parfois, le simple fait d'être ensemble suffit. Votre bébé s'imprègne de votre sourire, de votre odeur et du contact physique avec vous. Appréciez ces moments où chacun se contente de jouir de la présence de l'autre.

Regarder ce qui se passe autour de vous Profitez d'un moment de détente partagé avec votre bébé dans les bras. Soyez attentive à ses mouvements et à ses expressions dès que quelque chose capte son regard.

Spectacle à deux Regardez les feuilles bouger, ou bercez votre bébé tout en écoutant le bruit du vent. Reparlez-en après, en lui disant, par exemple : « On a vu des jolies feuilles aujourd'hui tous les deux. »

MÉMO

En passant des moments tranquilles tout près de lui, vous l'aidez à renforcer les liens qui vous unissent. Vous lui permettez aussi de « souffler », ce qui est indispensable pour éviter une surstimulation.

Socialisation

Entretenir le contact

Votre bébé est un être sociable. Il adore la compagnie des autres et il le montre. Il s'exprime avec les mains en tendant les bras pour avoir un câlin et vous observe. Il aura envie de vous imiter et se socialisera ainsi petit à petit.

Montrer du doigt Il ne peut pas encore montrer les choses du doigt, mais vous pouvez lui montrer le geste. Touchez ou montrez avec votre index un jouet ou une image. Une fois qu'il a compris, éloignez votre doigt.

Allées et venues Faire au revoir de la main est un geste extrêmement courant : votre bébé va adorer vous regarder faire. Il va commencer par vous imiter et ne tardera pas à essayer de le faire tout seul.

Comment et pourquoi le stimuler

En observant votre façon de saluer et d'accueillir les autres, il apprend beaucoup.

★ Il apprend les usages de la vie en société. Les gestes marquent souvent le début ou la fin d'un acte social.

★ Il comprend ce qu'est un acte social. Apprendre quand et pourquoi certains gestes sont utilisés l'aide à déchiffrer ce que veulent dire les autres et à les comprendre.

★ Il prend de bonnes habitudes. Saluer ou accueillir les gens avec des gestes affectueux est un signe de bonne éducation.

★ Il s'exerce. Les gestes précis impliquent un contrôle musculaire et la coordination de l'œil et de la main. C'est en s'exerçant qu'il finira par les acquérir.

Tout près Quand votre bébé tend les bras pour toucher votre visage, c'est une manière de vous saluer et de vous montrer le plaisir qu'il ressent à être près de vous.

J'ai besoin de toi Montrez-lui quels gestes faire, notamment tendre les bras pour être pris, et incitez-le à vous imiter. Il est naturellement disposé à communiquer avec vous par le biais de ce type de signaux.

Socialisation

La famille

Il y a peu de temps encore, votre bébé était totalement accaparé par sa relation avec vous, mais il est maintenant prêt à agrandir son cercle social. Il est temps que vous lui présentiez d'autres gens et que vous l'aidiez à tisser des liens plus forts avec ses frères et sœurs et la famille proche.

Comment et pourquoi le stimuler

Faites participer votre bébé à la vie de famille.

★ Il élargit son « filet de sécurité ». La famille au sens large – frères et sœurs, grands-parents, oncles et tantes, cousins – représente pour lui un cocon.

★ Vous le préparez à accepter de vous quitter. S'il a l'habitude de les voir, il risque d'être moins perdu quand ils s'occuperont de lui ou qu'ils le prendront dans leurs bras, ou encore quand ils le garderont.

★ Il tisse des liens pour sa vie entière. Les relations qu'il noue avec tous ceux de sa génération (frères et sœurs ou cousins) n'en sont qu'à leurs débuts.

★ Il met en pratique ses compétences sociales. Il ne demande qu'à tester son sourire et ses vocalises devant un nouveau public pour voir s'ils réagissent.

Phase d'observation À chaque fois que vous lui présentez un membre de la famille, laissez-lui le temps de l'observer. Demandez à la personne de lui lire une histoire ou de lui chanter une comptine et participez pour que votre bébé n'ait pas peur d'aller vers elle.

Pas trop à la fois Pour éviter de submerger votre bébé, ne lui présentez pas trop de personnes à la fois et limitez la durée des visites. Choisissez pour les présentations un moment où il est bien réveillé.

Prends-moi Si votre bébé tend les bras vers quelqu'un de votre famille pour se faire réconforter, c'est qu'il est parfaitement à l'aise. Restez un peu en retrait pour que cette personne puisse consolider leur relation.

MÉMO

À environ quatre mois, votre bébé vous reconnaît et émet ses premiers babillements

Complicité Aidez votre aîné à déchiffrer les réactions de son petit frère ou de sa petite sœur quand il lui fait une grimace ou lui tend un jouet. Expliquez-lui qu'il communique par des regards, des sourires et des mouvements du corps.

Motricité

Sur le ventre

Ne laissez pas votre bébé sur le dos en permanence. Il a aussi besoin d'être sur le ventre pour pouvoir bouger. Il en profitera pour pousser sur ses mains et ses pieds, pour redresser la tête et pour tonifier les muscles qui ne fonctionnent pas quand il est dans une autre position.

Tête relevée Incitez-le à lever la tête un instant en l'appelant et en faisant du bruit avec des jouets devant lui et juste au-dessus. Si vous captez son attention au-dessus de lui, il redressera automatiquement la tête.

Comment et pourquoi le stimuler

Installez-le régulièrement sur le ventre.

★ Il s'entraîne à se retourner. Il va commencer à pratiquer quelques mouvements essentiels pour se retourner et marcher à quatre pattes.

★ Il soulève sa tête. La position à plat ventre est idéale pour renforcer le contrôle musculaire du cou, indispensable pour qu'il tienne sa tête droite.

★ Il apprend à accepter la nouveauté. Habituez-le progressivement en le laissant d'abord quelques instants seulement sur le ventre. Cette nouvelle expérience est une occasion de surmonter une difficulté.

Un petit effort ! Posez des jouets ou des miroirs qu'il verra en se soulevant. Allongez-vous sur le dos et installez-le à plat ventre sur votre abdomen, en le tenant bien. Il poussera sur ses bras pour voir votre visage.

À sa hauteur Au début, la position ventrale lui semblera étrange, d'autant plus qu'il devra faire un effort pour vous regarder. Essayez de capter son attention en faisant des grimaces ou en lui tendant un jouet.

MÉMO

Quand vous le mettez à plat ventre, choisissez un endroit ferme et confortable. Évitez les oreillers et tout ce qui pourrait le gêner pour respirer. Surveillez-le bien, car il ne faut pas qu'il s'endorme sur le ventre.

Motricité

Les fesses à l'air

Votre bébé a besoin de bouger, mais il peut se sentir gêné dans ses mouvements par ses vêtements et sa couche. Laissez-le de temps en temps s'ébattre sans contrainte. Il appréciera la sensation d'être plus libre de ses mouvements.

Exercice physique Offrez-lui un peu de résistance : il prendra encore plus de plaisir à faire travailler ses muscles. Avant de lui mettre une couche propre, poussez légèrement contre la plante de ses pieds quand il agite les jambes ou faites-lui faire du « pédalage ».

Comment et pourquoi le stimuler

Débarrassez-le de temps en temps de sa couche et de ses vêtements.

★ Il peut bouger en toute liberté. Il apprécie qu'aucun vêtement ne vienne limiter ses mouvements.

★ Il se fortifie. Pour se propulser, il devra être capable de prendre appui sur ses orteils.

★ Il améliore sa coordination. Plus il voit son corps bouger et plus il en perçoit les mouvements, plus il améliore sa coordination main-œil.

★ Il s'amuse. Bouger est quelque chose de très excitant pour lui.

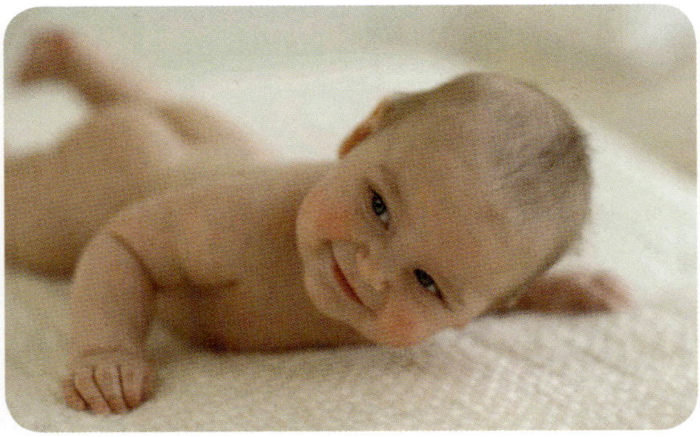

Libre Sans couche, sans chaussettes ni pyjama, votre bébé peut vraiment sentir son corps appuyé contre le sol. Mettez-le à plat ventre et vous le verrez ramener ses genoux et enfoncer ses orteils dans le tapis, deux mouvements excellents pour le préparer à marcher à quatre pattes.

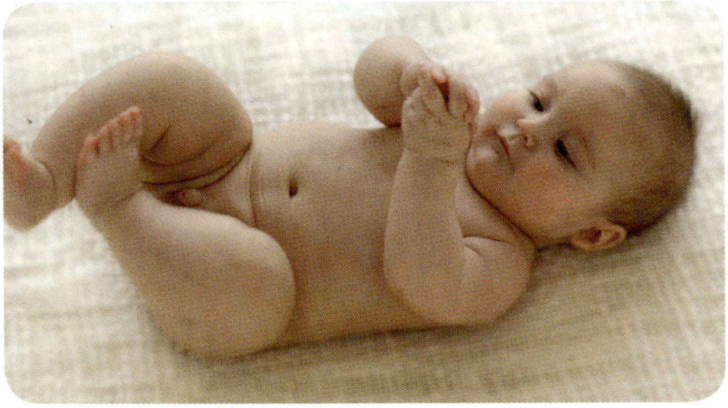

Mon corps C'est un plaisir immense pour votre bébé de simplement bouger sans aucune contrainte et de regarder son corps en mouvement. Profitez-en pour nommer ses mains, ses bras, ses pieds et ses jambes.

Motricité

Se dépenser en jouant

Votre bébé adore que vous le fassiez bouger dans tous les sens. Maintenant qu'il tient mieux sa tête, il adore sautiller, se balancer et se tortiller dans vos bras. Tous ces mouvements améliorent son équilibre.

Comment et pourquoi le stimuler

Soutenez votre bébé et faites-le bouger dans tous les sens.

★ Il développe son sens de l'équilibre. Les capteurs de mouvement situés dans le conduit auditif stimulent, en effet, les zones du cerveau responsables de l'équilibre.

★ Il renforce le contrôle musculaire de sa tête. En maintenant sa tête en dehors de l'axe du corps, il fait travailler les muscles de son cou de façon intense.

★ Il prend conscience de son corps. Il découvre comment son corps se déplace dans l'espace et il s'apprête à franchir une étape importante : il saura bientôt se retourner.

★ Veillez à ne jamais trop secouer votre bébé, car des secousses violentes créent des lésions cérébrales graves. C'est le « syndrome du bébé secoué ».

MÉMO

Si vous achetez un harnais sauteur qui se suspend à l'encadrement d'une porte, suivez bien les conseils de sécurité. Attendez que votre bébé tienne bien sa tête et ne le laissez pas plus de 10 à 15 minutes dedans.

Premiers sauts Mettez votre bébé debout sur vos genoux. Soulevez-le doucement pour lui donner la sensation de monter et de descendre. Il réagira en pliant les genoux pour que vous le fassiez rebondir.

Petits bonds Il coordonne maintenant mieux ses mouvements et tient bien sa tête. Vous pouvez l'installer dans un harnais sauteur accroché à l'encadrement d'une porte pour qu'il saute tout seul, ou le faire rebondir sur vos genoux.

Dans tous les sens Faites-le bouger en tous sens pour l'aider à se muscler. Tant que vous le tenez enveloppé dans vos bras ou que vous l'agrippez fermement, il se sent en sécurité, même s'il perd un peu l'équilibre.

Toupie Tournez sur vous-même lentement et sans à-coups en le tenant contre vous : cette sensation nouvelle le ravira. Mais ne le faites pas tournoyer trop vite et ne faites pas de mouvements saccadés, il n'aimera pas.

Sensations nouvelles Soutenez-lui la tête et bercez-le de droite à gauche ou de haut en bas pour lui faire ressentir différentes sensations. Tous ces mouvements vont l'aider à prendre conscience de son corps et de l'espace qu'il occupe dans son environnement.

Comment favoriser sa coordination ?

Chaque mouvement de votre bébé inonde son cerveau d'informations qui l'aident à développer sa coordination.

Stimulation nerveuse Pour affiner ses mouvements, votre bébé a besoin de recevoir des informations par l'intermédiaire de ses sens. À chaque fois qu'il bouge, les terminaisons nerveuses située dans ses articulations, à la surface de sa peau et à l'endroit où son corps touche le sol envoient des messages au cerveau pour l'aider à tracer une « carte » de son corps et de ses mouvements.

Renforcement musculaire L'activité physique, qu'il remue les jambes ou qu'il pousse sur ses membres quand il est sur le ventre, renforce ses muscles. Le fait de répéter sans cesse un mouvement renforce les messages adressés au cerveau et le renseigne sur la manière dont chaque bras, jambe, main ou pied fonctionne.

Perfectionnement progressif Quand il teste de nouveaux mouvements, persiste dans ses efforts pour attraper un jouet ou enfonce ses orteils dans le sol pour se propulser en avant, votre bébé « modélise » la situation dans son cerveau.

Le corps et l'esprit Tout ne se résume pas à des mouvements. C'est lorsque les informations sur la position et le mouvement de sa tête, de son corps et de ses membres correspondent à ce qu'il voit qu'il peut gagner en précision et saisir un jouet, par exemple.

Motricité

Il redresse la tête

Votre bébé a un objectif : se déplacer. Tous les efforts qu'il fait pour pousser sur ses bras et se soulever ou pour garder l'équilibre le préparent aux étapes qui l'attendent : se retourner, ramper, puis tenir debout.

Comment et pourquoi le stimuler

Encouragez-le à bouger : c'est amusant mais parfois difficile.

★ Il s'exerce. C'est en répétant sans cesse les mouvements qu'il finira par les maîtriser.

★ Il apprend à coordonner ses mouvements. Une tâche simple, par exemple chercher un jouet du regard, tendre la main et l'attraper, implique que votre bébé fasse travailler en même temps différentes parties de son corps.

★ Il se rapproche du but. Tous ses efforts visent à bouger son corps et il éprouve une satisfaction immense à avancer de quelques centimètres ou à attraper le jouet qu'il visait.

Tête relevée Redresser la tête représente une étape importante vers la reptation. Encouragez-le en plaçant un jouet devant lui, et félicitez-le en lui souriant et en applaudissant. Installez-le éventuellement dans le jardin pour qu'il ait plus de choses à regarder.

Léger Tenez-le pour qu'il n'ait pas à supporter le poids de son corps et laissez-le pousser sur ses pieds pour se redresser. Penchez-le d'un côté, puis de l'autre, pour qu'il sente son poids sur un pied, puis sur l'autre.

Je vole Mettez-le en équilibre sur vos jambes ou allongez-le sur votre ventre et balancez-le doucement pour l'obliger à se servir de ses bras et de ses jambes. Tenez-le bien pour qu'il n'ait pas peur de tomber.

MÉMO

N'oubliez pas de laisser de temps en temps votre bébé sur le ventre pour l'inciter à se soulever et, au bout d'un moment, à ramper. Cela lui permet de s'habituer à une position différente et favorise le développement harmonieux de son corps.

Motricité

Il se muscle

Votre bébé doit solliciter de nombreux muscles pour jouer, se redresser ou se pencher et, parfois, il cède à la fatigue et à la frustration. À d'autres moments, c'est la satisfaction d'arriver à faire ce qu'il veut qui domine.

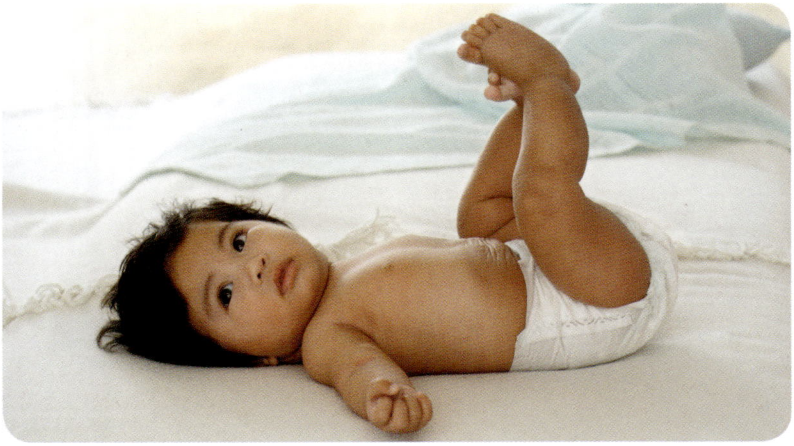

Tonifier Pour que les muscles soient coordonnés, il faut les tonifier de façon homogène. Sur le ventre, sur le dos ou debout, votre bébé fait travailler le devant du corps et le dos. Incitez-le à regarder et à tendre la main à droite et à gauche pour que les côtés se développent aussi.

Comment et pourquoi le stimuler

Donnez-lui l'occasion de faire des mouvements amples dans différentes positions.

★ Il se développe ainsi de façon harmonieuse. Son corps doit se muscler partout en même temps : côté droit, côté gauche, devant et derrière, pour qu'il puisse ensuite se retourner, ramper et, finalement, marcher.

★ Ses mouvements sont moins saccadés, plus réguliers.

★ Il se prépare à la position assise. Les muscles de son torse et de ses jambes doivent pouvoir le stabiliser suffisamment pour qu'il tienne assis sans appui.

Attraper Vers 6 mois, il est assez musclé pour se maintenir dans une position en faisant de petits mouvements. Quand il est sur le ventre, mettez un jouet devant lui, à la limite de sa portée. Vous constaterez qu'il a la force de se tenir en équilibre pendant qu'il l'attrape.

Debout ! Ce sont les muscles longs des jambes de votre bébé qui supportent son poids et l'aident à se retourner et à ramper. Tonifiez-les en le tenant debout sur vos jambes et lui laissant plier les genoux.

Motricité

Votre bébé et l'eau

Mettez très tôt votre bébé en contact avec le milieu aquatique. Laissez-le jouer dans son bain ou dans une pataugeoire gonflable, emmenez-le aux Bébés nageurs. L'objectif est de lui retirer toute appréhension et de lui faire apprécier le contact de l'eau.

Comment et pourquoi le stimuler

Jouez tous les deux avec de l'eau ou emmenez-le à la piscine.

★ Il améliore sa coordination. Il peut essayer des mouvements qu'il n'aurait pas la force de faire ou qu'il ne maîtriserait pas en dehors de l'eau.

★ Il fait travailler ses muscles. Chacun de ses mouvements renforce son tonus musculaire. Qui plus est, il se dépense.

★ Il prend de l'assurance. En jouant régulièrement dans l'eau, que ce soit dans la baignoire ou à la piscine, il s'habitue à être mouillé et éclaboussé.

Plouf ! Laissez votre bébé découvrir le plaisir d'éclabousser. Mettez des jouets dans l'eau pour qu'il les frappe du pied ou tapotez la surface pour éclabousser tout autour. Se concentrer sur les effets de ses mouvements va l'aider à les affiner.

MÉMO

Votre bébé ne pourra nager que d'ici quelques années, quand il saura coordonner ses mouvements. Néanmoins, il est important qu'il apprenne dès maintenant à se sentir en confiance et n'ait pas peur de l'eau.

Bébés nageurs Inscrivez-vous dans un cours de Bébés nageurs. On vous apprendra comment aider votre bébé à se déplacer dans l'eau, en toute sécurité. Renseignez-vous auprès d'autres parents, du pédiatre ou à la mairie.

Plaisirs d'été S'il sait se tenir assis tout seul, la pataugeoire gonflable est une excellente idée quand il fait très chaud. Si elle est assez grande, mettez-vous dans l'eau avec lui.

Liberté de mouvement L'eau porte votre bébé, ce qui lui permet de faire plus facilement certains mouvements. Faites-le glisser dans l'eau et faites-lui faire des mouvements qui seraient trop difficiles pour lui hors de l'eau. Il appréciera aussi de « nager » jusqu'à vous pour recevoir un gros câlin.

Les Bébés nageurs

C'est à vous de décider à quel moment vous voulez démarrer. Les bébés sont généralement acceptés à partir de 4 mois, mais certains spécialistes conseillent d'attendre 6 mois pour qu'ils aient un meilleur tonus musculaire.

Vaccins Pour l'inscrire, votre bébé doit avoir reçu son deuxième vaccin associant la poliomyélite, le tétanos, la diphtérie, la coqueluche et la méningite à hæmophilus.

Hygiène Dans une piscine publique, votre bébé doit porter une couche spéciale ou un maillot couche.

Température de l'eau Dans la mesure où un bébé se refroidit vite, l'eau doit être assez chaude. On conseille une température de 30 à 32 °C.

Sécurité Surveillez toujours attentivement votre bébé et ne le laissez jamais sans surveillance dans le bassin ou à proximité, même un tout petit instant. Un bébé peut se noyer en moins d'une minute dans quelques centimètres d'eau.

Contre-indications N'emmenez pas votre bébé à la piscine s'il est malade, s'il vomit ou s'il a eu de la diarrhée dans les 48 heures qui précèdent. Demandez éventuellement conseil à votre médecin.

Motricité

Étirements

Votre bébé cherche à voir les choses sous différents angles : d'en haut, d'en bas, ou en se déplaçant. Le fait de changer souvent de position le stimule et l'incite à bouger.

Comment et pourquoi le stimuler

Il a besoin d'être libre de se déplacer, de se pencher et de s'étirer dans tous les sens.

★ Il muscle différentes parties de son corps. À chaque fois que vous le changez de position, faites en sorte qu'il ne fasse pas travailler exactement le même groupe de muscles.

★ Il coordonne ses mouvements. En changeant de position, il tonifie les muscles du tronc et améliore sa coordination.

★ Il travaille son équilibre. Chacun des angles qu'il adopte lui fournit des informations nouvelles sur la position de son corps et l'aide à chercher son équilibre.

Travailler l'équilibre Calez votre bébé en position assise et donnez-lui des hochets à attraper. Faites-le pencher en avant pour qu'il tape dans votre main, ou mettez une serviette sur ses jambes pour qu'il ait à basculer légèrement vers l'avant pour la retirer.

MÉMO

Votre bébé passe maintenant moins de temps sur le ventre. Mais n'oubliez pas de le mettre dans cette position au moins une fois par jour.

Regarder et jouer Il sera content de rester sur le ventre pour regarder un livre ou un miroir. Vous pouvez aussi faire couiner un jouet près de lui pour l'obliger à tourner la tête, ou l'appeler pour l'inciter à se redresser.

Même point de vue Allongez-vous sur le dos pour voir les choses sous le même angle que votre bébé. Imitez ses mouvements et il s'amusera à vous imiter. Couchez-vous à des endroits inhabituels, par exemple sous une table, en levant les pieds pour la toucher avec vos orteils.

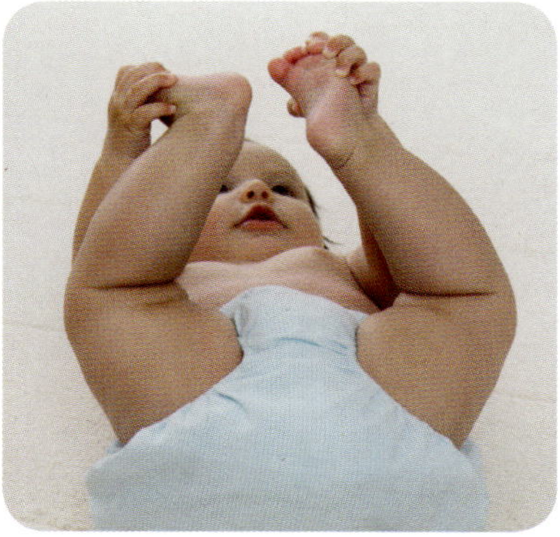

De l'action Les mouvements de votre bébé sont limités quand il est assis dans un siège auto, une poussette ou un harnais sauteur. Pour contrebalancer cela, prenez-le souvent dans vos bras ou posez-le par terre pour qu'il puisse faire des mouvements plus amples.

Le yoga pour les bébés

Les cours de baby-yoga permettent aux parents et aux bébés de travailler ensemble. Ces cours comprennent des étirements et des mouvements doux, ainsi que des exercices de respiration et de relaxation destinés à améliorer la coordination et la souplesse.

Les bienfaits du baby-yoga
Il s'agit d'une gymnastique douce visant à renforcer le lien entre la maman et le bébé. Elle apaise celui-ci et l'aide à mieux dormir, et elle procure un sentiment de détente à la maman. Les deux font les exercices ensemble. Ce type d'activité aide aussi la maman à manipuler son bébé avec plus d'assurance. Le bébé, lui, prend conscience de son corps et gagne aussi en assurance.

Quand débuter ?
L'idéal est de débuter vers l'âge de 12 à 16 semaines, même si les avis sont divergents. Certains cours acceptent, en effet, les nouveau-nés.

Équipement nécessaire
Si la salle n'est pas équipée de tapis, apportez-en un pour vous et un pour votre bébé. Et n'oubliez pas votre sac à langer.

Précautions
N'emmenez pas votre bébé au baby-yoga si l'un de vous deux est malade. Si vous souffrez d'une pathologie chronique, consultez un médecin pour savoir si cette pratique est conseillée.

Motricité

Il se retourne

Votre bébé s'apprête à franchir une étape importante : se retourner. Il sera surpris de se retrouver sur le ventre simplement en gigotant ou en tendant le bras.

MÉMO

La capacité à se retourner est liée à la puissance des muscles du cou et des bras. Le bébé doit savoir tenir sa tête. Certains bébés se retournent à 3 mois, d'autres ne le font pas avant l'âge de 6 ou 7 mois.

Comment et pourquoi le stimuler

Encouragez votre bébé à faire les mouvements qui l'aideront à se retourner.

★ Il s'entraîne. À chaque fois qu'il balance son corps, pousse sur ses pieds ou tend les bras, il se rapproche du moment où il saura se retourner.

★ Il expérimente de nouveaux mouvements. Aidez-le à basculer pour qu'il éprouve la sensation de son corps en train de se retourner.

★ Il renforce et développe sa musculature. Pour l'y aider, faites-le jouer et tendre les bras des deux côtés.

Surprise ! Votre bébé risque d'être à la fois surpris et ravi la première fois qu'il arrivera à se retourner. Félicitez-le avec enthousiasme pour lui montrer que c'est très bien, puis remettez-le sur le dos pour qu'il réessaie.

1 **Dès que votre bébé aura le cou et les bras suffisamment musclés,** il sera capable de soulever le bras et de l'amener vers le côté opposé pour entraîner tout son corps.

2 **Après avoir retourné le haut de son corps,** il utilisera ses jambes : il en soulèvera une et l'abaissera sur le côté pour faire basculer tout son corps et se retrouver sur le ventre.

3 **Une fois qu'il se sera complètement retourné sur le ventre,** il pourra se redresser en poussant sur les bras. Le voilà presque prêt à ramper et à se déplacer tout seul !

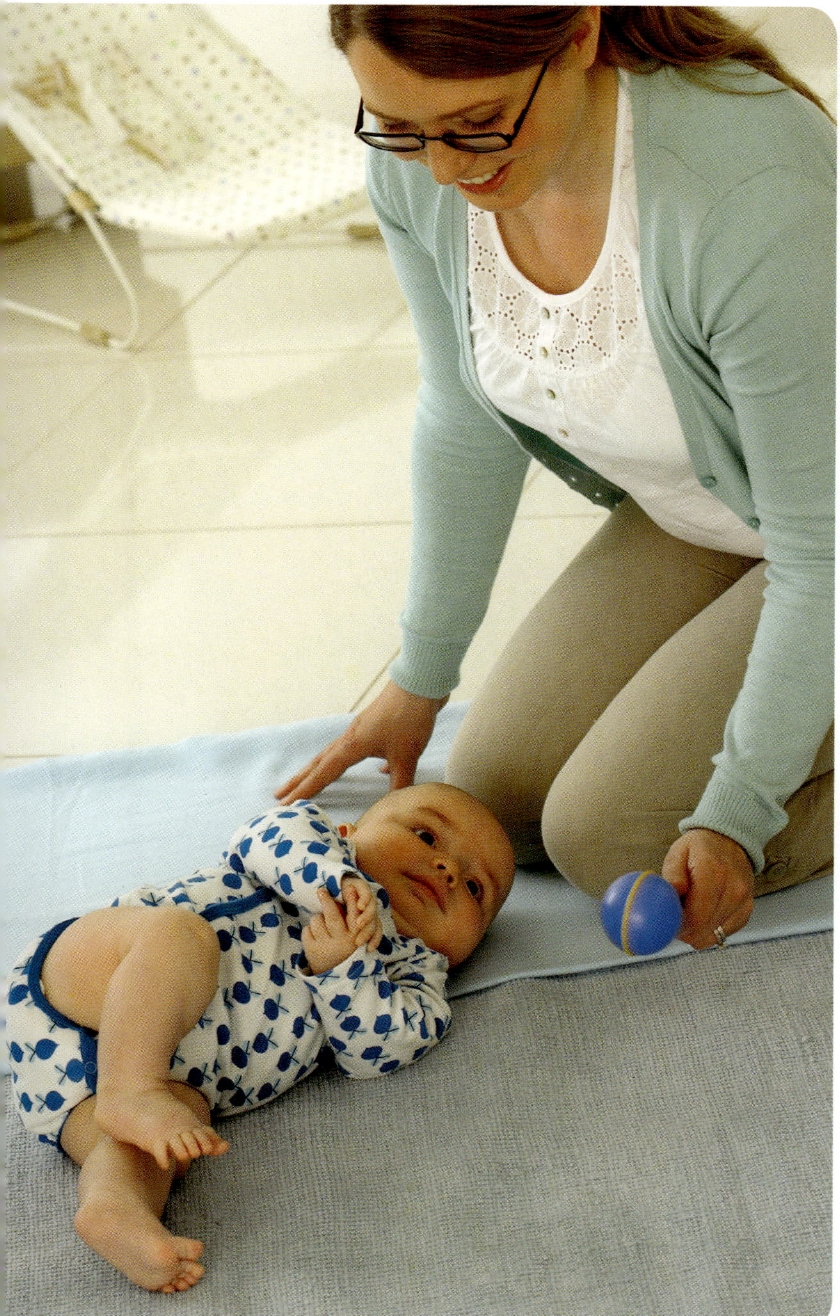

Appât Donnez-lui une raison de se mettre sur le côté en amenant près de sa tête un jouet qu'il est en train de regarder : il devra tourner le buste pour continuer à le voir. S'il entre en contact avec une texture différente, il prendra conscience que son corps a changé de place.

Explorer en toute sécurité

Quand votre bébé saura se retourner, il ne tardera pas à se déplacer. Sécurisez son environnement pour qu'il l'explore en toute liberté sans risquer de se faire rappeler constamment à l'ordre.

Sécurisez la maison Considérez-la de son point de vue. Marchez à quatre pattes et vous remarquerez les coins de table à la hauteur de ses yeux, les prises de courant et les boutons de la cuisinière qu'il voudra tripoter dès qu'il se mettra debout. Surveillez-le de près et installez des systèmes de sécurité (barrières pour les escaliers, loquets pour bloquer les portes et les tiroirs…).

Enfermez les produits toxiques La plupart des produits d'entretien sont toxiques, mais votre bébé risque d'être attiré par les couleurs de leur emballage. Rangez tous ces produits, ainsi que l'alcool et les médicaments, dans un placard ou un tiroir fermant à clé.

Un jardin sûr Vérifiez qu'il ne court aucun danger dans le jardin, la remise ou le garage. Enfermez les produits chimiques, les outils tranchants et tout ce qui pourrait le blesser. Vérifiez que vous n'avez aucune plante toxique et retirez tout ce que votre bébé pourrait porter à sa bouche.

Prévention Ne laissez jamais votre bébé, même un instant, dans un lieu où sa curiosité pourrait le mettre en danger. Soyez particulièrement vigilante quand il est en train de manger ou à proximité d'un point d'eau.

Les gestes qui sauvent Si vous ne l'avez pas encore fait, inscrivez-vous à un cours de secourisme pour savoir quoi faire en cas d'urgence.

Motricité

Jouer assis

Votre bébé se concentre pour essayer de rester assis, même s'il vacille un peu. Dès qu'il tiendra assis sans appui, il aura une base stable d'où il pourra utiliser ses mains pour explorer son environnement.

Comment et pourquoi le stimuler

Incitez-le à s'occuper quand il est assis.

★ Il renforce la musculature du haut de son corps. Pour qu'il puisse tenir assis, les muscles de son dos et ses abdominaux doivent être suffisamment toniques.

★ Il expérimente. En testant ses limites, il apprend jusqu'où il peut se pencher avant de basculer.

★ Il contrôle mieux les choses. Une fois qu'il est dans une position stable, il peut diriger ses bras et ses mains dans la direction qu'il souhaite.

Essais Se tenir assis sans basculer demande de l'entraînement. Dès que votre bébé a suffisamment de force et d'équilibre, mettez-le de temps en temps assis sans le tenir pour voir s'il arrive à rester droit. Soyez prête à le rattraper dès qu'il commence à vaciller.

Atterrissage en douceur C'est un passage obligé : votre bébé va basculer à de nombreuses reprises avant de savoir se tenir assis. Pour éviter les bosses et les bleus et lui donner envie de réessayer, installez-le sur une surface moelleuse.

MÉMO

Les muscles de son cou et du haut de son corps sont assez toniques pour qu'il tienne assis, mais il ne sait pas s'asseoir tout seul. Il va apprendre à se pencher en avant sans basculer. Il prendra ensuite assez d'assurance pour ne plus avoir besoin d'appui.

Se pencher Pour se tenir assis et s'asseoir tout seul, il faut suffisamment de force musculaire et d'équilibre. Afin de l'aider à les acquérir, placez des jouets autour de lui : il devra alors se pencher et se tourner pour les attraper.

Préhension

Saisir les objets

Votre bébé a envie de tout attraper et il en est maintenant capable. Il commence à contrôler ses mouvements de façon consciente et il cherche à balayer de la main et à saisir tout ce qui attire son regard.

MÉMO

Donnez-lui des jouets faciles à toucher ou à attraper : hochets, mobiles, portiques d'activités, briques ou livres en carton épais. Tout ce qui fait du bruit ou de la lumière est attirant pour lui.

En hauteur L'énergie avec laquelle il balaie de la main les jouets de son portique d'éveil ou ceux que vous accrochez au-dessus de lui montre sa détermination. Ne vous inquiétez pas si ses gestes ne sont pas précis : à chaque tentative, il s'améliore.

Comment et pourquoi le stimuler

Proposez-lui toutes sortes de jouets bruyants, colorés, doux, rugueux, qui bougent…

★ Il aura envie de recommencer. Au début, sa main passera à côté de l'objet qu'il veut attraper, mais en s'entraînant, il finira par atteindre son but.

★ Les jouets favorisent son développement intellectuel. Chaque mouvement renforce les connexions dans son cerveau, ce qui améliore sa motricité fine.

★ Il perfectionne sa coordination. Ses yeux et ses mains doivent être coordonnés pour lui permettre de voir l'objet et de tendre la main pour l'attraper.

Regarder d'abord Votre bébé doit savoir suivre les objets du regard avant d'être capable de les attraper. Suspendez un mobile au-dessus de son lit ou faites rouler un ballon devant lui pour qu'il le regarde et cherche à l'attraper.

Entendre, voir et toucher Les jouets qui font du bruit attirent son attention et l'incitent à regarder, à tendre la main et à se retourner. Froissez du papier au-dessus de sa tête pour l'inciter à tendre la main pour l'attraper.

Bien en main Ouvrir la main et enrouler ses doigts autour d'un jouet n'est pas facile. Aidez votre bébé en plaçant un jouet près de sa main : il n'aura qu'à ouvrir et à fermer les doigts pour l'attraper.

Des jouets faciles à attraper Aidez-le un peu en lui proposant des jouets faciles à attraper. Les petites peluches, les hochets ou les jouets offrant différentes prises sont un bon moyen pour s'entraîner, car il aura moins de mal à les saisir.

Le développement de la préhension

À partir de 3 mois, le bébé utilise ses mains pour toutes sortes d'activités.

Il perd ses réflexes primaires Le réflexe d'agrippement de votre bébé a disparu et il est capable d'ouvrir et de fermer consciemment ses mains, de les attraper ou de les joindre. Il est très occupé à les découvrir et à apprendre à quoi elles servent.

Il cherche à atteindre son objectif Ses premières tentatives pour attraper les objets se soldent par un simple effleurement, même s'il arrive parfois à les toucher avec ses doigts. Mais il persiste.

Il contrôle mieux ses mouvements À 4 ou 5 mois, il maîtrise mieux les mouvements de faible amplitude, notamment ceux de sa main. Dans le même temps, sa coordination main-œil s'améliore. Cela signifie qu'il voit avec précision l'objet qu'il désire et dirige ses mains vers lui. Au début, il l'attrapera avec ses deux mains, se contentant parfois de l'emprisonner entre elles, sans véritablement le saisir.

Ses capacités évoluent À partir de 6 mois, votre bébé va tendre les mains vers un objet sans avoir besoin de regarder ses mains pour être certain qu'elles se dirigent vers le bon endroit. Il sera alors capable d'attraper les jouets avec la main. Vers 9 mois, il commencera à utiliser le pouce et l'index pour saisir les objets. Vers 12 à 15 mois, cette « pince » se perfectionnera et il deviendra plus habile.

Préhension

Il explore avec sa bouche

Votre aventurier a découvert sa bouche et y met tout ce qu'il trouve. Grâce aux terminaisons nerveuses et aux papilles gustatives, sa bouche et sa langue le renseignent sur le goût, la texture et la consistance des choses.

Comment et pourquoi le stimuler

Encouragez-le à découvrir le goût et la texture des choses avec sa bouche.

★ Sa coordination main-œil s'améliore. Il prend conscience de la position de sa main par rapport au reste de son corps.

★ Il agrippe. Chaque objet ou morceau de nourriture qu'il tient dans la main lui donne l'occasion de s'exercer à ouvrir et fermer la main, les doigts et la bouche.

★ Il s'exerce à actionner sa langue. Lorsqu'il porte les choses à sa bouche, il s'entraîne à la fois à parler et à manger, deux activités impliquant des mouvements infimes de la langue.

★ Il étudie les choses. Cette partie de son corps est extrêmement sensible et transmet de nombreuses informations à son cerveau en plein développement.

★ Ses sens sont stimulés. Il découvre de nouvelles sensations par l'intermédiaire de ses lèvres et de sa langue.

Les orteils dans la bouche Votre bébé est très souple. Calé sur le dos, il est capable de toucher et d'attraper ses pieds, et même de les mettre dans sa bouche. Cette combinaison de mouvements de faible et de grande amplitude est un bon entraînement pour la coordination.

Différentes sensations Il utilise ses mains et sa bouche pour explorer. Donnez-lui des objets sans danger pour qu'il les mette dans sa bouche, par exemple un anneau de dentition glacé ou des jouets de différentes textures.

Attention aux petits objets Dans sa frénésie de découverte, votre bébé va mettre tout ce qu'il peut dans sa bouche. Donnez-lui uniquement des objets plus grands que sa bouche pour qu'il ne risque pas de s'étouffer.

MÉMO

À la naissance, les bébés préfèrent les saveurs sucrées et n'aiment pas ce qui est acide. Le salé ne suscite aucune réaction de leur part jusqu'à l'âge de 4 mois ; ils commencent ensuite à l'apprécier.

Premiers aliments La capacité de votre bébé à saisir les objets et à les mettre dans sa bouche trouve une excellente application avec la nourriture. Le moment venu, vers l'âge de 6 mois, donnez-lui des aliments faciles à tenir, comme des bananes. Ne vous attendez pas à ce qu'il mange proprement. Concentré sur la coordination de ses mouvements, il risque d'avoir du mal à viser juste.

Prévenir les accidents par suffocation

Quand votre bébé commence à tout porter à la bouche, faites preuve d'une grande vigilance pour qu'il ne s'étouffe pas avec les choses qui sont à portée de sa main.

Petits objets Inspectez régulièrement le sol et les surfaces auxquelles il a accès pour vérifier qu'aucun objet de petite taille (bouton, pièce de monnaie, trombone, capuchon de stylo, pile, bouton) ne s'y trouve, car ils présentent un risque pour les bébés et les jeunes enfants. Choisissez des jouets homologués pour son âge, car ceux pour les plus grands comportent des petites pièces avec lesquelles il pourrait s'étouffer.

Aliments solides Lorsque vous introduisez des aliments solides, renseignez-vous sur ceux qui ne présentent aucun risque pour votre bébé. Coupez-les en minuscules morceaux et surveillez-le pendant tout le repas. Certains aliments sont particulièrement dangereux, notamment les grains de raisin, les cacahuètes, les petits morceaux de fromage à pâte cuite ou de viande, les tomates cerises, les raisins secs et les sucreries collantes.

Anticipez Renseignez-vous sur ce que vous devez faire si votre bébé s'étouffe. Consultez votre mairie ou votre médecin pour connaître les organismes dispensant une formation de secourisme.

Préhension

Ramasser et lâcher

Votre bébé ajuste maintenant ses mouvements pour ramasser, puis laisser tomber les objets. Ce n'est pas facile, car ses mains manquent encore de précision. Avec de l'entraînement, il ouvrira consciemment la main pour lâcher les objets.

Comment et pourquoi le stimuler

Le fait de ramasser, tenir, puis laisser tomber un jouet est quelque chose de nouveau pour votre bébé. Laissez-le s'exercer en s'amusant.

★ Il ouvre la main. Il commence à écarter les doigts pour laisser tomber les objets. Cette compétence lui sera de plus en plus utile dans la mesure où ses jeux vont devenir plus complexes.

★ Il utilise ses deux mains en même temps. Il bénéficie ainsi d'une plus grande marge de manœuvre pour ramasser ce qui l'intéresse.

★ Tout en améliorant sa dextérité, il progresse dans d'autres domaines.

★ Il continue ses découvertes. Votre bébé est maintenant capable de tenir les choses plus fermement et de les explorer avec sa bouche, ou de les amener dans son champ de vision pour les examiner.

★ Il éprouve de la satisfaction. Il est très content de lui quand il arrive à ramasser un jouet et à le secouer volontairement pour faire du bruit.

★ Il apprend à enchaîner deux actions. Il découvre que ramasser et lâcher un objet sont deux mouvements qu'il peut associer dans un but particulier.

1 **Il arrive à ramasser** les jouets assez gros pour les tenir dans sa main, mais ne lui donnez rien qu'il puisse avaler. Cet exercice exige de la patience. Calez-le pour qu'il tienne assis et donnez-lui un jouet facile à tenir.

2 **Regardez-le ouvrir la main** et enrouler ses doigts autour du jouet. Il est possible qu'il le ramasse à deux mains pour se faciliter la tâche.

3 **Laissez-le ramasser le jouet** et prendre le temps de l'examiner. Il va le tripoter pour en évaluer la taille et la texture, et peut-être le porter à sa bouche.

4 **Pendant qu'il a encore le jouet dans la main,** proposez-lui-en un autre. Il ne sait pas encore bien lâcher les objets, mais il va le laisser tomber pour attraper l'autre.

Préhension

Transfert d'objets

La plupart des activités de votre bébé nécessitent l'utilisation des mains. Dans les mois qui viennent, il va dépasser le stade où il les tenait serrées devant lui et va découvrir comment faire passer un objet de l'une à l'autre.

Chacun à son tour Les jeux consistant à se passer les objets sont un bon exercice pour lui faire ouvrir la main. Passez-vous un jouet à tour de rôle et dites « merci » à chaque passage. Ou bien prenez chacun l'extrémité d'un foulard et tirez dessus chacun à votre tour.

Comment et pourquoi le stimuler

Tendez-lui un jouet, jouez avec lui à vous passer des objets ou incitez-le à transférer quelque chose d'une main à l'autre.

★ Il apprend à se servir simultanément de ses deux mains. Ses gestes doivent être coordonnés : quand l'une s'ouvre, l'autre doit se refermer sur l'objet.

★ Il travaille sa motricité fine. Chaque essai lui renvoie des informations qu'il utilise pour faire un mouvement plus précis la fois suivante. Pour arriver à contrôler ses mains et ses doigts, il faut qu'il s'entraîne à les plier et à les tendre, à prendre les objets et à les agripper.

Imitation Prenez-le sur vos genoux et faites passer un jouet d'une main à l'autre. Il va vous observer. Demandez-lui de vous imiter en lui disant « Maintenant, à toi. ». Même s'il ne répète pas tous vos gestes, ce n'est pas grave.

D'une main à l'autre Quand il maîtrisera mieux les mouvements de ses mains, tendez-lui un jouet et félicitez-le quand il l'attrape et le passe d'une main à l'autre. Sa prise va peu à peu se relâcher, facilitant la transmission.

MÉMO

À ce stade, votre bébé utilise sa « pince » pour saisir et manipuler les objets, petits ou gros, et les faire passer d'une main à l'autre.

Communication

Fous rires

Votre bébé est maintenant capable de jouer à des jeux plus interactifs et d'apprécier les mots et les gestes associés aux comptines. Familiarisez-le avec vos chansons et vos jeux préférés et vous prendrez plaisir à communiquer, à rire et à vous amuser avec lui.

Comment et pourquoi le stimuler

Prenez le temps de faire des jeux associant les mots et les gestes.

★ Il apprend à attendre son tour. Pour bien communiquer, il est indispensable de savoir parler et écouter chacun à son tour. Les jeux et les comptines permettent de s'y habituer en s'amusant.

★ Il progresse vers la compréhension du langage. Les mots accompagnés de gestes lui font découvrir la signification et le rythme du langage.

★ Il apprend à anticiper. Les répétitions et les pauses lui permettent de comprendre que la communication suit une certaine logique.

★ Il partage avec vous des moments de plaisir, ce qui renforce le lien profond qui vous unit.

MÉMO

S'amuser avec son bébé est non seulement un moyen de créer un lien fort, mais aussi de lui offrir un environnement affectif favorable aux apprentissages.

Les yeux, les oreilles, la bouche, le nez… Récitez-lui des comptines qui énumèrent les différentes parties de son corps, en les pointant à chaque fois du doigt. Il vous observera avec jubilation. Recommencez plus lentement et faites-le participer en les touchant avec sa main.

Encore ! Il va adorer vous voir répéter sans cesse les mêmes comptines, surtout celles qui se terminent par des chatouilles. Mimez les paroles en promenant vos doigts sur lui et observez sa joie et la façon dont il anticipe la chatouille finale.

Rires partagés Surprenez-le en faisant quelque chose d'inattendu. Faites une grimace, tirez la langue ou cachez-vous avant de réapparaître d'un seul coup. Recommencez avec un sourire et les yeux écarquillés ; il comprendra qu'il s'agit d'un jeu et il rira avec vous.

Marionnettes Imaginez des conversations entre deux jouets. Prenez une voix amusante pour chaque personnage et faites-les bouger comme des marionnettes, mais ne les mettez pas en scène plus d'une minute ou deux chacun. Le spectacle se terminera sûrement par un fou rire.

Une vie qui tourne autour de votre bébé

Votre priorité, c'est de faire en sorte que votre bébé prenne un bon départ dans la vie. Comme la plupart des parents, vous vous demandez si vous faites les choses comme il faut. Rassurez-vous : avec le temps que vous lui consacrez et l'attention que vous lui portez, votre bébé s'en sortira bien.

Une attention véritable Des études prouvent que les bébés tirent un plus grand bénéfice des moments passés à jouer avec leurs parents si ces derniers sont vraiment concentrés sur eux. Observez-le, commentez ce qu'il fait et participez vraiment, au lieu de vous contenter de le regarder du coin de l'œil en faisant autre chose.

Bavardages Les compétences de votre bébé en matière de communication se développeront rapidement si vous lui parlez souvent. Des études prouvent que les bébés dont la maman est bavarde ont plus de vocabulaire que ceux dont la maman est plus réservée. Vos bavardages ne sont donc pas vains !

Passez du temps avec lui Il existe tellement de jeux éducatifs et de supports pédagogiques pour les bébés que vous avez parfois l'impression que les jeux tels que vous les pratiquez ne suffisent pas. Or, certaines études démontrent le contraire. On a, par exemple, découvert que les bébés à qui on passait des DVD éducatifs avaient moins de vocabulaire que ceux qui n'en regardent jamais. Ce qui compte vraiment, c'est de jouer, de parler et d'être stimulé par les meilleurs compagnons de jeux qu'il ait, sa famille.

Communication

Promenades

Chaque mot prononcé capte l'attention de votre bébé. Plus vous lui parlez, mieux il comprend. Décrivez ce que vous voyez ensemble quand vous vous promenez. À force, vous verrez qu'il deviendra, lui aussi, une vraie pipelette !

Comment et pourquoi le stimuler

Parlez-lui tout en vous promenant.

★ Il enrichit son vocabulaire. Il n'utilise pas encore de mots, mais plus vous lui parlez, plus le vocabulaire qu'il emploiera par la suite sera riche.

★ Il écoute. L'intonation de votre voix, vos gestes et le contact oculaire incitent votre bébé à écouter ce que vous dites.

★ Captez son attention. Vos commentaires font de la plus banale des promenades une expérience passionnante pour votre bébé.

Toujours parler S'il est face à vous dans son landau ou sa poussette, parlez-lui en marchant et observez ses réactions. Parlez-lui de l'endroit où vous allez et des personnes qu'il va voir. Racontez-lui ce que vous allez faire.

Observer la nature Les couleurs et les mouvements qu'il observe dans votre jardin ou au parc attirent son attention. Lorsqu'il se retourne ou babille, cherchez ce qui attire son regard, arrêtez-vous, regardez ensemble et décrivez-lui ce qu'il voit.

Communication

Le langage corporel

Votre bébé se sert de tout son corps pour communiquer. Quand il agite ses bras et ses jambes, quand il se cambre ou se love contre vous, quand il détourne la tête ou vous regarde fixement, il vous dit ce qu'il ressent.

Je veux dormir Votre bébé a besoin de faire plusieurs siestes dans la journée. Il vous fera comprendre qu'il est fatigué en se frottant les yeux ou le visage, en se tirant l'oreille ou en s'attrapant les cheveux.

Arrête ! Votre bébé ne sait pas encore dire « arrête », mais s'il se cambre, se détourne, ferme les yeux, fronce les sourcils, pleure, cela veut dire la même chose. Réagissez à ces signaux pour qu'il sache que vous le comprenez.

J'adore ! S'il se tourne vers vous, yeux grands ouverts, en agitant les bras et les jambes, en souriant ou en poussant des petits cris, c'est clair : il apprécie et vous demande de continuer. Répondez avec les mêmes expressions pour lui montrer que vous avez compris.

Comment et pourquoi le stimuler

Soyez à l'écoute du langage corporel de votre enfant et réagissez à tout type de communication qu'il utilise.

★ Vous l'aidez à exprimer ses besoins. Mieux vous décryptez les messages qu'il vous envoie, plus vite vous comprendrez ce qu'il veut et pourrez le satisfaire.

★ Vous l'incitez à communiquer davantage. À chaque fois qu'il arrive à se faire comprendre, cela le motive pour recommencer à vous adresser les mêmes signaux.

★ Il apprend à renforcer son discours. Quand il se mettra à parler, la mimique et les gestes lui permettront d'affiner sa parole.

MÉMO

Dès que votre bébé montre des signes de fatigue, mettez-le au lit. Si vous ne captez pas son message et que vous continuez à jouer, il risque de s'énerver.

Communication

Lire à deux

Racontez-lui des histoires qui lui font découvrir des images colorées et entendre des mots nouveaux. Il sera ravi, il s'amusera et il apprendra en même temps ! Vous lui donnerez le goût des livres et vous lui apprendrez à écouter pour comprendre.

C'est quoi ? Montrez du doigt et nommez ce que vous voyez ensemble dans ses livres. Il a besoin de voir l'image et d'entendre le nom des choses répété sans cesse pour être capable de le dire par la suite.

Comment et pourquoi le stimuler

Racontez-lui des histoires ou lisez des livres avec lui.

★ Il enregistre des mots nouveaux. À force d'entendre répéter ses histoires préférées, il finit par en reconnaître les mots.

★ Il apprend à se concentrer. Dans la mesure où l'histoire que vous lui lisez l'intéresse, il va naturellement exercer sa capacité d'écoute.

★ Il découvre l'écrit. Il a besoin de se familiariser avec la forme des lettres et des mots pour pouvoir les déchiffrer plus tard. C'est un bon départ pour le futur apprentissage de la lecture.

Histoires de famille Les histoires ne sont pas forcément imaginaires. En racontant à votre bébé l'histoire de sa famille, vous l'aidez à développer son langage et vous lui faites découvrir cet héritage. Montrez-lui des photos et parlez-lui des gens et des évènements.

Communication

Écouter et apprendre

Les yeux et les oreilles de votre bébé sont une porte ouverte sur les apprentissages. Il observe vos mouvements, enregistre la forme de votre bouche et votre expression, écoute les sons qui forment les mots que vous prononcez. Faites la même chose et une vraie communication s'établira.

Premières vocalises Le babillage et les roucoulades sont ses premières tentatives pour utiliser sa voix. Écoutez et reproduisez ses sons. Les entendre l'incitera à les répéter et lui apprendra l'alternance propre au dialogue.

Indices Quand vous lui parlez, exagérez vos mimiques pour aider votre bébé à comprendre ce que vous dites. Écarquillez les yeux et penchez la tête quand vous posez une question ; souriez ou froncez les sourcils pour faire passer une émotion.

Comment et pourquoi le stimuler

Rapprochez-vous de lui, parlez de façon claire et écoutez-le bien.

★ Il découvre encore plus de sons. C'est en observant et en imitant les mouvements de votre bouche qu'il apprend à produire des sons.

★ Il prend l'habitude de s'exprimer. Votre réaction indique à votre bébé que les sons qu'il produit ont un sens pour vous.

★ Il s'habitue au rythme du langage oral, qui doit suivre une séquence précise (parler – pause – écouter – pause) pour permettre une bonne communication.

Un ton adapté Le bébé apprend mieux quand on lui parle d'une voix chantante en le regardant dans les yeux, en se mettant tout près. Le « parler bébé », association de sons aigus, de voyelles longues et de phrases courtes, vient naturellement aux jeunes parents.

MÉMO

Vers 6 mois, votre bébé va commencer à assembler deux sons – par exemple « mma-aah ». Il peut aussi répéter la même syllabe plusieurs fois, par exemple « dadada ».

Communication

Bim bam boum !

Votre bébé adore faire du bruit. En produisant des sons avec ses premiers instruments de musique, il est sûr d'attirer votre attention ! À son âge, seul compte le plaisir de faire du bruit selon un rythme simple.

Comment et pourquoi le stimuler

Faites de la musique avec lui.

★ Il s'entraîne à suivre un rythme. Celui de la musique et des chansons le prépare à celui du langage oral.

★ Il attend son tour en écoutant. Faire de la musique chacun à votre tour, c'est un peu comme une conversation musicale.

★ Il développe son goût pour la musique. Grâce à vos encouragements, il produit des sons et des mélodies pour le plaisir.

★ Il bouge. Faire de la musique exige un meilleur contrôle de ses bras et de ses mains.

En rythme Le bébé est capable de reconnaître un rythme musical dès ses premiers jours. Vers 3 mois, il a envie de produire ses propres rythmes. Donnez-lui un shaker ou un tambourin et faites de la musique avec lui ou frappez dans vos mains au rythme des sons qu'il produit.

Pour le plaisir Faites-lui entendre le plus de musique possible. Passez-lui des CD, chantez et faites-lui essayer divers jouets musicaux (clavier, bâton de pluie, xylophone, tapis musical…). Et pour le fasciner, jouez d'un instrument pour lui.

Secouer fort ! L'un des premiers instruments de musique est généralement un hochet. Au début, votre bébé sera surpris par le bruit, il tournera la tête et attendra la suite, puis découvrira qu'il peut reproduire ce son. Il adorera répéter la séquence : bruit, puis écoute.

MÉMO

Dans le ventre maternel, le fœtus peut distinguer les sons dès la 23e semaine de grossesse. Écouter la musique qu'il entendait avant sa naissance réconfortera le bébé pendant les premiers mois.

Joyeux tintamarre Les bébés adorent faire beaucoup de bruit. Donnez-lui des casseroles et des cuillères en bois pour qu'il puisse s'en donner à cœur joie. Participez vous aussi et tapez chacun à votre tour sur son « tambour ».

Développement intellectuel

Il vous imite

Votre bébé est un imitateur né. Il est venu au monde avec un don d'imitation et il va l'exercer sur tout ce qu'il peut voir, entendre ou percevoir d'une façon ou d'une autre. Son premier et principal modèle, c'est vous, et l'une de ses grandes occupations va être de vous imiter.

Comment et pourquoi le stimuler

Donnez-lui l'occasion de vous imiter.

★ L'imitation est un excellent moyen pour apprendre vite et bien.

★ Des connexions s'établissent dans son cerveau. À chaque fois qu'il vous imite, il crée de nouvelles connexions entre ses neurones ou renforce celles qui existent déjà, ce qui favorise son développement intellectuel.

★ À force d'imiter et de répéter sans cesse, il affine ses capacités et ses compétences.

★ En vous imitant après vous avoir vu faire, il s'habitue à l'alternance dans le jeu et dans toutes les situations de communication.

Grimaces La grimace, qui est l'exagération d'une expression normale du visage, est plus facile à imiter pour un bébé. Formez votre grimace lentement et gardez-la un moment sur votre visage pour qu'il ait le temps de vous imiter, puis de recommencer. Tirez la langue, souriez ou écarquillez les yeux en haussant les sourcils.

MÉMO

Le miroir est un excellent outil de communication : à 6 mois, votre bébé voit son reflet et peut engager une conversation avec ce qu'il considère encore comme quelqu'un d'autre.

Mouvements de bouche Donner différentes formes à sa bouche et bouger la langue sont des compétences importantes pour l'apprentissage du langage. Tenez-le face à vous, attirez son attention et formez, par exemple, un « o » avec votre bouche pour qu'il vous imite.

Bruits de bouche Vers 4 ou 5 mois, votre bébé va commencer à produire des sons mouillés, en formant le plus souvent des bulles sur ses lèvres. Gonflez les lèvres et faites « brrrr » : il cherchera à vous imiter. C'est un bon exercice pour apprendre à parler… et à manger.

Imitateur Votre bébé est instinctivement attiré par les visages. Montrez-lui toute une panoplie d'expressions et de mimiques à observer et à imiter. Copiez l'expression de son visage à votre tour pour qu'il sache que vous l'avez remarquée.

Mains en l'air ! Votre bébé est fasciné par ses mains et ses doigts. Il peut s'en servir pour imiter des gestes simples. Levez la main et agitez vos doigts, ou frappez dans vos mains et regardez s'il essaie de vous imiter. Recommencez plusieurs fois : il ne se lassera jamais.

Développement intellectuel

Stimulation visuelle

La vision de votre bébé évolue rapidement. Son accommodation s'améliore. À 4 mois, il distingue les détails et les couleurs. Sa vue n'est pas aussi bonne que celle d'un adulte, mais elle lui permet d'apprendre bien des choses.

Comment et pourquoi le stimuler

Donnez-lui toutes sortes de choses à regarder.

★ Cela stimule le développement de son cerveau. Il utilise les informations provenant de ce qu'il voit pour comprendre et réagir à son environnement.

★ Il améliore sa perception de la profondeur. Cette capacité lui permet de voir en trois dimensions.

★ Il apprend à fixer son regard sur un objet qui se déplace. Pour arriver à le suivre des yeux, il doit s'entraîner, contrôler ses muscles et faire travailler ses deux yeux en même temps.

★ Il apprend par imitation.

Voir en relief Promener un bébé est un bon moyen pour l'exercer à percevoir le relief. En accommodant sur des choses situées tout près de ses yeux ou à une plus grande distance (oiseaux, branches, fleurs...), il améliore sa capacité à voir en trois dimensions.

Passionnant Donnez à votre bébé des jouets de couleurs, formes et tailles différentes : jouets de couleurs vives, briques de formes variées, balles de diverses tailles... Il les explorera aussi bien avec ses yeux qu'avec ses mains.

Modèles Tout ce que vous ou votre compagnon faites intéresse votre bébé. Laissez-le vous observer lors des tâches ménagères. Installez-le dans sa chaise pour qu'il vous voie cuisiner, ou posez-le sur un tapis près de vous quand vous étendez la lessive dehors.

Suivre des yeux Incitez votre bébé à déplacer ses deux yeux simultanément en faisant bouger vos doigts ou un jouet ou en faisant doucement danser une marionnette dans son champ de vision. Déplacez-les progressivement pour initier la poursuite visuelle.

Un monde fascinant Dès qu'il sera assez grand, installez-le face à la route, assis dans sa poussette, pour qu'il ait une meilleure vision de son environnement. Il pourra ainsi percevoir les couleurs, les mouvements et les formes qui entrent dans son champ de vision.

Point de vue idéal Quand vous vous déplacez dans la maison ou que vous sortez vous promener, transportez-le en toute sécurité dans vos bras ou mettez-le dans un porte-bébé ventral, dos contre vous pour qu'il puisse se concentrer sur ce qu'il voit de là-haut.

Changement de décor

Votre bébé est avide de découvrir le monde qui l'entoure. Chaque nouvel environnement est une occasion pour lui d'apprendre.

Au quotidien Si vous êtes près de lui pour lui tenir compagnie, votre bébé appréciera encore plus de découvrir tout ce qu'il y a à explorer dans la maison. Chaque pièce regorge de choses intéressantes à observer, de ses jouets et de ses peluches à vos casseroles, en passant par les motifs des tapis, les tableaux et les miroirs aux murs, ou la vue qu'on a de la fenêtre.

Dans la nature Que ce soit dans votre jardin ou au parc, les stimulations sensorielles ne manquent pas : arbres et feuilles qui bougent sous le vent, chiens, écureuils, végétation colorée… Elles donnent aussi à votre bébé l'occasion d'ajuster sa vision en fonction de la proximité de toutes ces choses. Des études démontrent que plus un bébé est exposé à la lumière du jour et au grand air, mieux il dort la nuit. La maman en tire elle aussi un bénéfice puisqu'il est prouvé que chaque moment passé dans la nature accroît son bien-être.

Évitez certains environnements Les lumières et les couleurs vives d'un hypermarché peuvent constituer une stimulation trop importante pour votre bébé, mais cela ne vous empêche pas de l'emmener dans les boutiques de votre quartier pour profiter d'un spectacle intéressant.

Développement intellectuel

Apprendre à anticiper

Votre bébé est attentif et impatient de savoir ce que lui réserve chaque minute. Sa mémoire se développe et il sait mieux prévoir ce que vous allez faire et s'y préparer. Ses réactions vous indiquent alors s'il a envie ou non d'être chatouillé, de boire ou de prendre son bain...

Comment et pourquoi le stimuler

Répétez les mêmes jeux et les mêmes activités et faites en sorte que le déroulement de sa journée soit prévisible.

★ Il exerce sa mémoire. La succession de séquences identiques d'un jour à l'autre et les jeux répétitifs y contribuent.

★ Il apprend à patienter. Il ne tient pas longtemps, mais il découvre qu'il peut supporter d'attendre un peu.

★ Il découvre ce qu'il aime. Sa mémoire se forme, ce qui lui permet de comparer des aliments, des boissons, des jouets et des jeux.

★ Il est rassuré. Être capable de prédire ce qui va se passer dans les moments qui viennent donne à votre bébé un sentiment de sécurité.

Bras tendus Votre bébé anticipe le plaisir d'un câlin et peut vous signaler qu'il en a envie. Si vous interprétez ses gestes et réagissez en conséquence, vous renforcez sa conviction que ses besoins vont être satisfaits.

MÉMO

À cet âge, le bébé n'est pas capable de se souvenir pendant très longtemps de ce que vous l'autorisez à faire ou non. Préparez-vous à vous répéter inlassablement.

Excitation Sa capacité de mémorisation est évidente quand vous le voyez tout excité à l'idée que vous allez lui donner une chose qu'il aime. Dites-lui : « Tu veux ça ? » et souriez en écarquillant les yeux pour insister sur la question.

Et après ? Votre bébé a besoin de savoir ce qui va se passer. Dites-lui ce que vous allez faire. Expliquez une seule chose à la fois : « C'est l'heure du bain » ou « Je vais te donner à boire » et répétez-le-lui à chaque fois.

Impatience Lorsqu'un jeu se termine par quelque chose d'excitant (sautillement, chatouilles, bascule), arrêtez-vous quelques secondes avant la fin pour accroître son excitation. Cela l'aidera à acquérir la notion d'attente et lui montrera que celle-ci peut être récompensée.

Les souvenirs

Votre bébé est capable de reconnaître votre visage, d'anticiper la suite de sa comptine préférée ; il a appris que quand il tend les bras vers vous, vous le prenez. Sa mémoire se développe prodigieusement.

Une progression rapide La capacité de votre bébé à se souvenir se développe à un rythme soutenu. Des études montrent que la capacité du bébé à retenir des informations double entre l'âge de 3 mois et l'âge de 6 mois.

Les formes de mémoire Pendant la première année, le bébé développe sa mémoire à court terme, qui retient les informations pendant quelques secondes, et sa mémoire à long terme, qui stocke des informations qui seront réutilisées ultérieurement. Le développement de la mémoire dépend de la maturation du cerveau, qui se fait progressivement et ne peut pas être accélérée.

Répétition et concentration La faculté de se souvenir des choses dépend de deux éléments importants. Le premier, c'est la répétition, primordiale pour le bébé. Plus il voit, entend ou ressent quelque chose souvent, plus il a de chances de s'en souvenir. Le deuxième, c'est la concentration, ou la capacité du bébé à fixer son attention. Plus il est concentré sur quelque chose, plus il en conserve le souvenir longtemps dans sa mémoire à court terme.

Développement intellectuel

Le oui et le non

Ces deux mots vont vous servir à le guider.
Mais il ne comprendra pas vraiment le sens du « non » avant l'âge de 6 mois.

Comment et pourquoi le stimuler

Dites-lui « oui » pour l'encourager et « non » quand vous voulez qu'il arrête.

★ Il prend conscience de deux notions fondamentales. Associez des paroles, des gestes et des actes au mot pour qu'il en comprenne la signification.

★ Il commence à comprendre ce qu'est une consigne. En associant le mot « non » à un acte, par exemple en le retenant pour l'empêcher de toucher quelque chose de chaud, vous lui faites comprendre que ce mot signifie qu'il doit arrêter.

★ Il apprend à écouter. Votre bébé a envie de vous faire plaisir et il veut savoir ce que vous approuvez ou pas. « Oui » et « non » sont des messages clairs lui indiquant ce que vous acceptez ou non de sa part.

C'est bien ! Il vous regarde pour que vous l'encouragiez à continuer et, plus tard, pour avoir votre permission. Dites « oui » à chaque fois que vous en avez l'occasion et associez le mot à un signe d'approbation de la tête et à un sourire. Le message passera bien.

Non, pas ça ! À son âge, quand vous lui demandez d'arrêter, c'est pour éviter qu'il se mette en danger ou qu'il commence à apprendre que certaines choses ne se font pas. Associez un geste de l'index à un « non » prononcé fermement pour qu'il associe le fait d'arrêter et le mot.

MÉMO

Les bébés du monde entier babillent de la même façon. Ce n'est que quand ils apprennent à utiliser les mots d'une langue donnée qu'ils cessent d'utiliser les vocalises dont ils n'ont plus besoin.

Jouer à dire « non » En imitant vos gestes, votre bébé apprend le sens du « non ». Quand vous lui lisez une histoire, faites une pause quand vous dites « non », en ajoutant un geste de la tête ou du doigt et en haussant les sourcils pour qu'il vous imite.

La discipline est-elle nécessaire ?

Votre bébé apprend vite et il est essentiellement motivé par le souci d'obtenir votre approbation.

Qu'est-ce qui régit son comportement ? Votre bébé ne comprend pas encore que certains de ses pleurs et de ses actes vous contrarient ou vous énervent. Il est uniquement poussé par la curiosité et l'envie d'explorer son environnement, et ne cherche pas à être désagréable.

Dans le présent Même si vous dites « non » à un bébé qui a entre 3 et 6 mois, il sera incapable de s'en souvenir la fois suivante, car sa mémoire à long terme n'est pas encore suffisamment développée. Par conséquent, vouloir imposer une discipline à cet âge ne sert à rien.

Renforcement positif La stratégie la plus efficace pour indiquer à votre bébé ce qu'il doit faire, c'est de lui accorder votre attention et de lui prodiguer des encouragements, et aussi de lui montrer le plaisir que vous éprouvez quand il se comporte comme vous le souhaitez et quand vous voulez qu'il continue à faire quelque chose. Cela devrait vous venir naturellement, émerveillée que vous serez devant ce qu'il arrive à faire – tenir un morceau de pain dans sa main, émettre des vocalises ou se retourner, par exemple. Vous le féliciterez alors automatiquement, avec un sourire radieux, des compliments et un câlin.

Développement intellectuel

Des sens en éveil

Le monde est plein de bruits, d'odeurs, de saveurs et de textures à découvrir et votre bébé prend un plaisir infini à le faire avec vous. Réveillez vos propres sens en lui faisant sentir sa première fleur, en lui faisant goûter une banane ou écouter l'un de vos morceaux de musique préférés.

Comment et pourquoi le stimuler

Donnez-lui sans cesse l'occasion d'éveiller ses sens.

★ Il se nourrit intellectuellement. Ses sens envoient des informations à son cerveau. Assemblées, celles-ci lui permettent d'accumuler les connaissances sur son environnement.

★ Il commence à comprendre qu'il est doté de plusieurs sens. À la naissance, il ne peut pas les dissocier de manière précise ; il doit petit à petit apprendre à les identifier.

★ Il s'habitue à de nouvelles sensations. Au début, votre bébé est facilement effrayé. Avec la maturation de ses sens, il supporte progressivement plus de bruit et plus de lumière, ainsi que des saveurs et des odeurs plus fortes.

★ Il développe un goût pour certaines choses plutôt que d'autres. En découvrant de nouvelles sensations, il fait le tri entre ce qu'il aime et ce qu'il n'aime pas.

MÉMO

Votre bébé distingue maintenant les couleurs presque aussi bien qu'un adulte. Offrez-lui des stimulations visuelles en l'emmenant se promener au parc ou dans les boutiques, ou encore en passant un moment au zoo.

Boîte à trésors Pour le stimuler, installez-le devant une bassine remplie d'ustensiles de formes et de textures différentes. Mettez-y par exemple une cuillère en bois, un agrume, du tissu, des jouets qui font du bruit et des boîtes en plastique.

Des parfums à respirer Dehors, les sens de votre bébé sont littéralement bombardés. Tenez-le près d'une fleur parfumée et faites-la-lui humer et regarder. Ses sens seront totalement mobilisés ; il remarquera même peut-être que le décor change quand des ombres passent.

Du vent dans les voiles L'attention de votre bébé est attirée aussi bien par les couleurs vives que par les mouvements. Offrez-lui un petit moulin à vent : il sera fasciné de voir le vent faire tourner les ailes de son moulin et en brouiller les couleurs.

Miam ! Tout ce qu'il saisit entre ses mains prend le chemin de sa bouche. À 6 mois, proposez-lui des bâtonnets de fruits ou de légumes. Évitez les goûts trop forts. Ses papilles gustatives ont besoin de temps pour s'adapter à chaque nouveauté.

Écouter la différence Donnez-lui des jouets qui font un bruit de crécelle ou qui tintent, qui produisent des sons aigus ou graves. Faites-lui entendre un bruit, laissez-lui le temps de l'écouter, attendez un peu et faites-en un autre. Il pourra comparer ce qu'il a entendu.

Comment les sens se développent-ils ?

Au fil des semaines, les sens de votre bébé s'aiguisent et il recueille plus d'informations sur son environnement.

Perceptions multiples Au début, les perceptions sensorielles sont transmises au cerveau en bloc. Ce phénomène par lequel plusieurs sens sont associés est appelé « synesthésie ». Le bébé peut, par exemple, entendre un son et le percevoir comme une couleur ou une perturbation visuelle. On ne sait pas à quel moment les sens se dissocient : vers 2 ou 3 mois ou bien plus tard.

Ouïe et vision À la naissance, l'ouïe du bébé est beaucoup plus développée que sa vision. À 6 mois, il se tourne vers l'endroit d'où vient la voix de sa maman, même si elle est éloignée. Sa perception des ombres et des couleurs ainsi que des objets en mouvement est une priorité pendant ses premiers mois. À 8 mois, sa vision est presque aussi bonne que celle d'un adulte.

La gustation À la naissance, le bébé préfère le sucré au salé, et il apprécie le goût sucré du lait maternel. Ses papilles gustatives sont plus nombreuses qu'elles ne le seront plus tard. Il est sensible aux saveurs fortes.

L'odorat Il se développe très vite : à quelques jours, le bébé est capable de distinguer l'odeur du lait de sa mère de celle du lait d'une autre maman.

Le tact Dès les premiers jours, le bébé a des perceptions tactiles. Mais le toucher ne se développe vraiment qu'à partir du moment où ses réflexes primaires disparaissent, vers 3 mois.

7-9 mois

VOTRE BÉBÉ SE DÉPLACE

La coordination de ses mouvements s'améliore de plus en plus et il comprend mieux son environnement. Il peut donc vraiment commencer à maîtriser ses activités. L'univers de ses jeux s'élargit au fur et à mesure qu'il intègre certains concepts fondamentaux.

SOCIALISATION

La conscience que votre bébé a de lui-même s'affine et il réalise que vous et lui êtes deux êtres distincts. Vers 8 mois, quoi que vous fassiez pour le stimuler et le rassurer, il va commencer à connaître l'angoisse de la séparation : il vous fera clairement comprendre qu'il ne veut pas que vous le laissiez, même un court instant, mais il se calmera vite dès que vous réapparaîtrez. Cette situation, parfois pénible, pour lui comme pour vous, correspond à un stade normal de son développement, et peut durer jusqu'à l'âge de 3 ans !

Au fil des mois, il va découvrir toutes sortes d'émotions, de la joie et de l'amour à la colère et à la frustration. Il va aussi commencer à s'intéresser aux autres bébés et essayer d'entrer en contact avec eux en leur donnant des petites tapes, en les touchant et en babillant avec eux. Mais il sera encore loin des jeux interactifs avec ses pairs.

MOTRICITÉ

Au fur et à mesure qu'il accroît sa force et son contrôle musculaire, votre bébé doit faire face à la difficulté de coordonner les différentes parties de son corps pour exécuter des mouvements complexes. La prochaine étape dans la mobilité est la reptation, qui peut sembler assez facile, mais qui exige l'exécution de plusieurs gestes simultanés : s'appuyer sur les mains et les genoux tout en déplaçant alternativement un bras et une jambe pour avancer. Une fois qu'il saura ramper, il commencera à s'accrocher aux meubles pour se mettre debout, une expérience totalement nouvelle pour lui.

PRÉHENSION

La motricité fine de votre bébé continue à s'améliorer, ce qui constitue un grand pas vers la maîtrise de son environnement. Contrôler les muscles de ses mains et coordonner les mouvements pour atteindre ce qu'il voit lui donne la capacité de tendre la main, de saisir et manipuler les petits objets – ce sera plus facile encore lorsque la coordination du reste de son corps sera acquise. Le fait de mieux maîtriser ses muscles longs l'aide à créer une base stable d'où il peut effectuer des mouvements plus fins avec ses bras et tendre la main pour attraper les choses. La possibilité de tenir assis sans vaciller, vers 6 ou 7 mois, lui fournit cette stabilité.

Entre 6 et 9 mois, il va perfectionner sa capacité à faire passer les objets d'une main à l'autre. Il va aussi attraper ce qu'il voit sans être obligé de regarder ses mains pour s'assurer qu'elles vont dans la bonne direction.

Plus de force Votre bébé va adorer que vous lui teniez les mains pendant qu'il s'exerce à faire de nouveaux mouvements.

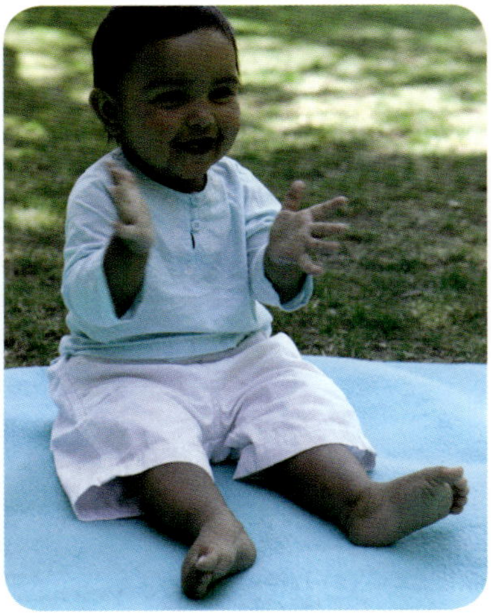

Bravo ! Il sera ravi d'arriver à coordonner ses mouvements pour frapper dans ses mains.

Bien en main Votre bébé parvient à tenir un livre ouvert tout en regardant les images.

Quatre pattes Entre 6 et 12 mois, la plupart des bébés apprennent à marcher à quatre pattes. Certains, toutefois, adoptent d'autres stratégies pour se déplacer – en se traînant sur les fesses, par exemple – et ne marchent jamais à quatre pattes. Dans tous les cas, les activités au sol sont importantes pour stimuler sa motricité.

COMMUNICATION

Vers l'âge de 7 à 9 mois, votre bébé va chercher à reproduire les sons que vous émettez. Sa compréhension sera meilleure et il arrivera à saisir le message quand vous direz « au revoir » ou « non ». Plus vous communiquerez avec lui par le toucher, le regard, les gestes, le chant et la parole, plus son langage se développera. Alors, ne vous privez pas de commenter ce qu'il voit ou de chanter et de bavarder avec lui toute la journée !

Outre la communication orale, votre bébé va apprendre à utiliser les gestes pour se faire comprendre. Ces mouvements, qui apparaissent vers l'âge de 6 mois quand il commence à mieux contrôler ses bras et ses mains, vous donnent des indications sur ce qu'il veut. Il tendra, par exemple, les bras vers vous s'il souhaite que vous le preniez ; vers 9 mois, il frappera dans ses mains pour montrer qu'il est content et commencera à montrer les choses du doigt – augmentant ainsi considérablement sa capacité à communiquer avec vous.

DÉVELOPPEMENT INTELLECTUEL

Votre bébé va continuer à se familiariser avec la notion de cause à effet, et cela transparaîtra dans ses jeux. Il va aussi découvrir la permanence de l'objet (le fait que les choses continuent à exister même s'il ne les voit plus). Cette capacité cognitive importante est indispensable pour qu'il comprenne comment fonctionne le monde. Vous le remarquerez quand vous jouerez à « cache-cache » avec lui ou que vous le verrez chercher un jouet caché.

Expériences partagées Commentez tout ce que vous regardez ensemble pour améliorer la communication entre vous.

Socialisation

Rassurer son bébé

D'un seul coup, votre bébé ne supporte plus de vous voir disparaître de son champ de vision : c'est l'angoisse de la séparation. Cette angoisse commence à se manifester vers l'âge de 8 mois et cela peut durer jusqu'à l'âge de trois ans.

Comment et pourquoi le stimuler

Faites des efforts pour rendre la séparation moins douloureuse pour votre bébé.

★ Il sera moins stressé. Si vous le laissez avec une personne qu'il connaît bien, qui va le réconforter, les choses seront plus faciles pour lui.

★ Il apprend à gérer la situation et à se calmer tout seul, en utilisant un jouet ou une couverture pour se réconforter.

★ Il prend confiance en lui. Commencez par des séparations de courte durée pour qu'il réalise que vous ne partez jamais définitivement.

★ Vous limitez son anxiété. Dites-lui toujours gentiment au revoir pour qu'il ne soit pas sans arrêt inquiet à l'idée que vous risquez de partir.

Ne pars pas Pour votre bébé, la séparation est difficile. Commencez par le quitter cinq à dix minutes pour qu'il ait la certitude que vous reviendrez toujours. Laissez-le uniquement avec une personne capable de le réconforter.

Présentations Laissez-le toujours avec quelqu'un qu'il connaît. Présentez-le à la personne qui va s'occuper de lui à l'avance et laissez-le l'observer, bien lové contre vous. Ensuite, mettez-le dans ses bras pour qu'elle puisse lui faire un premier câlin.

Doudou Quand vous ne serez pas là, votre bébé aura peut-être envie de prendre son doudou ou un objet qui porte votre odeur, un vêtement que vous avez porté, par exemple. Le fait de le toucher et de le sentir l'apaisera.

Me voilà ! Manifestez votre joie de le retrouver. Faites-lui des câlins, caressez-le, regardez-le dans les yeux et faites-lui de grands sourires avant de demander à la personne qui l'a gardé si tout s'est bien passé.

MÉMO

Essayez de ne pas quitter votre bébé quand il est fatigué, affamé ou agité. Dans la mesure du possible, prévoyez votre départ après les siestes et les repas.

Socialisation

Il s'affirme

Votre bébé commence à affirmer sa personnalité. Il affiche ses émotions plus clairement, il fait savoir ce qu'il aime et ce qu'il n'aime pas, et il se montre décidé à apprendre. Profitez de cette période où son caractère se révèle davantage pour apprendre à le connaître.

Il s'exprime Lorsque votre bébé est envahi par une émotion forte et qu'il se met à hurler et à donner des coups de pied ou à pleurer, aidez-le à se calmer en restant calme : mettez un mot sur le sentiment qu'il exprime et rassurez-le par un contact tactile quand il commence à s'apaiser.

Comment et pourquoi le stimuler

Incitez votre bébé à s'exprimer et à affirmer sa personnalité.

★ Il forge son caractère. Votre bébé a besoin que vous acceptiez sa personnalité et ses préférences.

★ Il apprend à gérer les émotions fortes. Votre présence apaisante, vos paroles douces et votre contact rassurant l'aident à gérer les sentiments qui l'assaillent.

★ Il apprend à persévérer. En l'encourageant et en le distrayant, vous l'aiderez à surmonter la frustration que génère parfois l'apprentissage de choses nouvelles.

Non ! Votre bébé teste de nouvelles manières de se comporter, et il a parfois besoin qu'on lui dise « non », avec fermeté mais sans énervement. Il commencera à comprendre qu'il y a des limites à ne pas dépasser.

Socialisation

Il est timide

Jusqu'à présent, il souriait à tout le monde, et le voilà timide. Ce comportement va de pair avec l'angoisse de la séparation et ne signifie pas qu'il restera ainsi.

Comment et pourquoi le stimuler

Présentez-le tout doucement aux gens qu'il ne connaît pas et tenez compte de ses réactions.

★ Il apprend à gérer les situations nouvelles. Il sait que vous êtes là et que vous n'allez rien précipiter. Cela le met en confiance pour aller vers les autres.

★ Il exerce ses compétences sociales. Il se mettra à sourire et à babiller une fois qu'il se sentira à l'aise.

★ Il commence à tisser son réseau social. Si vous êtes vous-même sociable, cela l'aidera à se socialiser – vous êtes son modèle et votre assurance va déteindre sur lui.

★ Il sait qu'il dispose d'une base sûre. Il peut aller au-devant des autres enfants parce qu'il sait qu'il peut toujours revenir vers vous.

Serre-moi fort Face à une situation nouvelle, votre bébé a besoin que vous le rassuriez et il va chercher à se blottir contre vous. Réagissez en le serrant dans vos bras. Au fur et à mesure qu'il se détendra, il risquera un coup d'œil furtif autour de lui.

Pas de précipitation Laissez votre bébé prendre son temps pour faire connaissance avec un étranger. Il commencera par le regarder et se mettra à sourire, à babiller ou à faire des vocalises quand il se sentira plus à l'aise.

Tout doucement Votre bébé apprécie que les gens qu'il ne connaît pas s'approchent de lui tranquillement, qu'ils lui parlent d'une voix douce et ne se jettent pas sur lui. Observez ses réactions pour savoir s'il en a assez.

MÉMO

Votre bébé s'intéresse aux autres enfants de son âge. Il ne cherche pas à jouer avec eux car il est trop occupé à développer ses propres compétences, mais il a peut-être envie de les toucher, de leur sourire et de babiller avec eux.

De plus en plus d'assurance Plus vous êtes sociable, plus votre bébé s'habituera à être avec d'autres. Les visites à la famille, aux amis ou les activités de groupe (Bébés nageurs, par exemple) seront autant d'occasions pour lui de se socialiser.

Motricité

Garder l'équilibre assis

Votre bébé sait maintenant se tenir assis et effectuer dans cette position des mouvements plus ou moins amples. Partagez son sentiment de triomphe quand il se penche à la limite du déséquilibre pour attraper un jouet ou vous toucher.

Comment et pourquoi le stimuler

Jouez avec lui quand il est assis sans soutien.

★ Il se muscle. Vous ne le voyez peut-être pas beaucoup bouger, mais les muscles de ses jambes et de son tronc travaillent pour maintenir l'équilibre de son corps.

★ Il coordonne ses mouvements. Pour rester assis sans vaciller, il doit faire travailler tous ses muscles simultanément et sans à-coups.

★ Il prend de l'assurance pour tendre les bras et se pencher. Une fois qu'il aura acquis de la stabilité, il se servira beaucoup plus facilement de ses bras et de ses mains.

Assis Asseyez-vous par terre avec lui et entourez-le de jouets qu'il pourra examiner à sa guise. Tenez-en certains en l'air pour qu'il soit obligé de lever le bras pour les attraper, ce qui lui permet de travailler son équilibre et de gagner en stabilité.

Bien en main Maintenant qu'il tient bien assis, votre bébé peut se concentrer sur ce qu'il a dans les mains. Donnez-lui des livres, des jouets et des cubes. Mettez un jouet devant lui ou à côté pour l'inciter à se pencher.

Motricité

Il se met debout

Se mettre debout est une chose, se rasseoir en est une autre. La fierté que votre bébé va ressentir à se redresser en prendra un coup quand il se retrouvera les fesses par terre, sans parvenir à maîtriser son corps. Ne vous inquiétez pas : aidez-le un peu et il saura vite se rasseoir aussi.

Tractions Incitez votre bébé à se mettre debout quand il se redresse en s'agrippant au bord de son lit, à vos genoux ou à la table basse. Motivez-le en lui montrant des jouets qu'il ne peut attraper qu'en se mettant debout.

Guidez-le Il est beaucoup plus facile pour lui de se mettre debout que de se rasseoir. Tenez-lui les deux mains pour l'aider à s'asseoir en pliant d'abord les genoux pour s'accroupir.

Comment et pourquoi le stimuler

Donnez-lui l'occasion de s'exercer à se mettre debout et à se rasseoir.

★ Il apprend à s'accroupir. La force et la coordination nécessaires pour faire ce mouvement exigent beaucoup d'entraînement.

★ Il apprend à atterrir en douceur. S'il sait que la chute n'a rien de dramatique, il se redressera sans crainte.

★ Il prend de l'assurance. En se musclant les jambes et en améliorant son équilibre, il stabilise ses appuis sur les pieds.

En douceur Il devra s'y prendre à plusieurs fois avant de se mettre debout sans tomber. Les chutes étant inévitables, installez un tapis sous ses pieds ou des coussins autour de lui pour qu'il atterrisse en douceur.

Facile ! Tenez votre bébé par la taille quand il s'assied, pour le maintenir droit et lui montrer la bonne position pour passer de la station debout à la position assise, et inversement. Cela l'aidera à le faire tout seul.

MÉMO

Maintenant que votre bébé commence à s'appuyer sur les meubles pour se redresser, il va pouvoir en faire le tour en s'y accrochant. D'ici quelques semaines, il les lâchera complètement et tiendra debout tout seul pendant quelques secondes.

Motricité

L'inciter à bouger

Votre bébé a envie de bouger, en roulant, en se tortillant ou à quatre pattes. La vitesse à laquelle il se déplace vous surprendra. Vérifiez qu'il ne court aucun danger dans la maison et surveillez-le comme le lait sur le feu.

Comment et pourquoi le stimuler

Donnez-lui toutes sortes de choses à explorer et laissez-lui suffisamment d'espace pour bouger.

★ Il progresse vers la marche à quatre pattes. Chaque étape franchie depuis le moment où il commence à se retourner à celui où il se dresse sur les mains et les genoux l'en rapproche.

★ Il s'exerce à coordonner les mouvements des bras et des jambes. Pour arriver à avancer à quatre pattes, il doit déplacer en même temps un bras et la jambe opposée. Le meilleur endroit pour s'entraîner, c'est par terre, quand il joue.

★ Il apprend à se déplacer par n'importe quel moyen. Marcher à quatre pattes ou se traîner sur les fesses sont les plus courants, mais certains bébés ne passent pas par cette étape et se mettent directement à marcher.

MÉMO

Si vous souhaitez mettre votre bébé dans un trotteur (ou « youpala »), respectez bien les consignes de sécurité données par le fabricant car les accidents sont fréquents, et ne le laissez jamais trop longtemps dedans.

Explorations Dès que votre bébé saura basculer sur ses mains et ses genoux depuis la position assise, il pourra ramper et aura envie d'explorer son environnement. Mettez à sa disposition quelques jouets qu'il pourra attraper dans un placard bas.

Par terre Posez des jouets au niveau du sol. Tout l'intéresse : tapis ou tableau d'éveil, « jouets qui sautent », voitures… Pour les atteindre il se balancera d'avant en arrière sur les genoux, à moins qu'il ne glisse sur les fesses ou n'avance à quatre pattes.

Course d'obstacles Mettez ses nouvelles capacités motrices à l'épreuve en lui construisant un « nid » de coussins ou d'oreillers par terre, et laissez-le s'amuser à grimper dedans ou à en sortir. Ou bien couvrez une table d'un drap pour faire un tunnel à traverser.

Sur les fesses Tous les bébés ne marchent pas à quatre pattes. Certains préfèrent se déplacer en se traînant sur les fesses. Même si le vôtre adopte ce moyen de locomotion et marche un peu plus tard, il n'y a rien d'inquiétant. L'essentiel, c'est qu'il ait envie de bouger.

Ensemble Mettez-vous tous les deux par terre en appui sur les mains et les genoux, et entraînez-vous à avancer à quatre pattes ensemble. Votre bébé essaiera de vous imiter et vous, vous verrez la maison de son point de vue et vous découvrirez qu'il n'est pas facile d'avancer de cette façon.

Les grandes étapes de la motricité

Tous les bébés ne se développent pas au même rythme. Certains franchissent les étapes plus tôt que prévu, tandis que d'autres prennent leur temps.

Qu'est-ce qui est normal ? La plupart des parents se demandent à un moment ou à un autre si leur enfant se développe normalement. Il n'existe pas de réponse toute faite et il est important de garder à l'esprit que les âges correspondant à chaque étape du développement ne sont donnés qu'à titre indicatif. La moitié des enfants commencent, par exemple, à marcher à un an, mais un médecin ne s'inquiétera que si votre enfant ne marche toujours pas à 18 mois.

Envie de bouger Tous les bébés ne franchissent pas les étapes dans le même ordre, et certains en sautent même carrément. En matière de motricité, tant que votre bébé manifeste de l'intérêt pour attraper les jouets et qu'il finit par se déplacer, la manière dont il y parvient importe peu. S'il se traîne sur les fesses et n'a aucune envie de marcher à quatre pattes, il n'y a aucun problème dans la mesure où il a trouvé un moyen de se déplacer.

Conseils Si vous êtes inquiète, renseignez-vous auprès des grands-parents car le retard de la marche peut être héréditaire. Ou bien profitez des visites chez le pédiatre pour en parler. Si votre bébé a des difficultés dans certains domaines, prenez rendez-vous pour vérifier que tout va bien. Il vous rassurera certainement, mais, en cas de problème, une intervention précoce donne toujours de meilleurs résultats.

Motricité

Il frappe dans ses mains

Votre bébé maîtrise maintenant un mouvement compliqué : il frappe dans ses mains. Ses bras et ses mains travaillent de façon coordonnée : il ouvre grand les mains et les joint avec des mouvements rapides pour « applaudir ».

Comment et pourquoi le stimuler

Faites des jeux ou récitez des comptines qui impliquent de taper dans les mains.

★ Il apprend à affiner ses mouvements. Taper dans les mains exige d'effectuer une série assez complexe de mouvements rapides et il a besoin de s'exercer pour arriver à les coordonner.

★ Il apprend à bouger suivant un rythme. Pour frapper dans les mains, les mouvements doivent être effectués selon un certain timing, et suivre un rythme peut l'y aider.

★ Il améliore la coordination entre son œil et sa main. La précision de ses mouvements dépend de sa capacité à les ajuster en fonction de ce qu'il voit.

Mains jointes Apprenez-lui à combiner les mouvements nécessaires en lui montrant comment faire. Frappez dans vos mains d'abord, puis mettez-les par-dessus les siennes et tapez-les l'une contre l'autre. Récitez une comptine pour marquer le rythme.

Mains devant Pour l'entraîner aux mouvements rapides pour applaudir, envoyez-lui un ballon en mousse en le faisant rouler par terre bien en face de lui, de façon qu'il pose les deux mains dessus pour l'arrêter.

Frappe, petite main À 9 mois, il devrait arriver à frapper dans les mains au rythme d'une comptine ou d'une chanson comme « Tourne, tourne petit moulin, frappe, frappe, petite main ». Il aura moins de mal s'il suit un rythme.

Une joie manifeste La manière dont il frappe dans ses mains reflète maintenant ce qu'il ressent. Montrez-lui que vous êtes contente en l'applaudissant et il comprendra vite qu'il peut s'exprimer de cette façon.

Préhension

Examiner un objet

Votre bébé contrôle mieux son poignet, ses mains et ses doigts. Il saisit les objets entre le pouce et l'index, puis les fait pivoter, les retourne et les transfère d'une main à l'autre pour examiner leur forme et leur taille.

Comment et pourquoi le stimuler

Donnez-lui des jouets pour qu'il s'occupe les mains et les doigts.

★ Il s'exerce à joindre le pouce et l'index. Utiliser cette « pince » est une compétence fondamentale, car le bébé peut ainsi saisir des petits objets.

★ Il s'exerce à coordonner les mouvements de son poignet et de sa main. Être capable de faire pivoter son poignet lui permet de faire tourner un objet dans sa main et d'examiner sa forme, sa taille et sa texture sous tous ses angles.

★ Il s'entraîne à donner et à prendre. Savoir lâcher les objets est une compétence à laquelle votre bébé s'exerce à chaque fois qu'il fait passer un objet d'une main à l'autre.

Tourner la page Il commence à joindre le pouce et l'index pour former une pince, ce qui lui permet de tourner les pages de ses livres. Il a moins de difficultés à manipuler les livres en carton épais et les livres en plastique pour le bain, de quelques pages seulement.

Mouvements variés Maintenant qu'il utilise son poignet, sa main et ses doigts pour saisir et faire pivoter les objets, il peut jouer avec les boutons et les cadrans de son tableau d'éveil. Il s'exercera aussi avec des objets de la vie courante, comme les poignées de porte.

D'une main à l'autre Il commence à maîtriser l'art d'ouvrir et de fermer la main pour lâcher prise et faire passer un objet d'une main à l'autre. Commencez par lui tendre un objet facile à tenir et montrez-lui comment le faire passer dans son autre main. Il apprendra vite.

Formes Grâce à la « pince » qu'il forme avec ses doigts et grâce à une meilleure coordination de son œil et de sa main, il peut jouer avec des boîtes à formes ou vous aider à mettre une lettre dans la boîte. Il sera tout excité de voir les choses disparaître de sa vue.

MÉMO

La motricité fine de votre bébé est en train de se développer. Il sait maintenant tenir, passer, explorer et laisser tomber les objets, et il sait peut-être même tenir une tasse à poignées.

Préhension

Manger avec les doigts

Un vrai petit cochon ! Votre bébé est en train d'apprendre à mettre des aliments dans sa bouche, mais il ne vise pas toujours très juste. Il a beaucoup à apprendre : il doit agripper l'aliment, le porter à sa bouche et refermer les lèvres autour, ce qui exige coordination et précision.

Je sais manger tout seul Proposez-lui des choses qui se mangent avec les doigts. Il sera ravi de les prendre dans son assiette pour les porter à sa bouche. Proposez-lui un seul aliment à la fois pour qu'il puisse tranquillement le regarder, le toucher et l'attraper.

Comment et pourquoi le stimuler

Proposez-lui des aliments qui peuvent se manger avec les doigts ou une petite cuillère pour qu'il se débrouille tout seul.

★ Il s'exerce à saisir et à tenir les choses en se servant de la paume de sa main et de sa « pince ».

★ Il apprend à viser plus juste. Cela fait des mois qu'il met des choses dans sa bouche, mais il arrive maintenant à diriger ses mouvements avec plus de précision.

★ Il sent les choses. Il ne contrôle pas encore le relâchement de sa main, mais les informations que sa paume et ses doigts envoient à son cerveau lui permettent d'améliorer sa motricité fine.

La joie de patouiller Il a encore besoin de s'exercer à saisir les choses et il est inévitable qu'il écrase les aliments entre ses doigts. Il affine la fermeté de sa préhension et il apprécie la sensation que cela lui procure.

Communication

Premières conversations

Votre bébé utilise de plus en plus de sons différents pour communiquer. Comme toujours, c'est en vous observant et en vous écoutant qu'il apprend. Montrez-lui toutes sortes de sons et d'expressions, et il commencera à les imiter.

Comment et pourquoi le stimuler

Tenez-lui des « conversations » et réagissez aux sons qu'il produit.

★ Cela l'aide à développer son langage. C'est en imitant les sons entendus qu'il apprend le mieux.

★ Il apprend à utiliser ses lèvres et sa langue pour produire des sons. En vous imitant, il teste différentes positions des lèvres et de la langue pour former différents sons.

★ Il s'entraîne à produire des mimiques. Les mimiques et le langage corporel permettent d'exprimer de façon non verbale un grand nombre d'informations. Votre bébé a besoin de les apprendre pour mieux communiquer.

Parler et répondre Babillez avec votre bébé. Asseyez-vous tout près de lui, face à lui, et prononcez un mot ou un son, et attendez qu'il babille ou vocalise (« ooh », par exemple) pour vous répondre. Continuez sur ce rythme pour qu'il apprenne l'alternance du dialogue.

Sons variés Faites un jeu d'imitation avec lui : regardez-le dans les yeux et dites « ba » ou faites un bruit, « brr », par exemple. Recommencez plusieurs fois. Quand il se met à babiller, répétez ce qu'il a « dit » ou montrez-lui que vous êtes contente qu'il parle.

Regarde-moi Votre bébé apprend autant en observant vos mimiques qu'en vous écoutant. Quand vous lui lisez une histoire ou que vous lui parlez, faites en sorte qu'il voie votre visage. S'il imite votre froncement de sourcils ou votre sourire, approuvez de la tête pour l'encourager.

MÉMO

À 7 ou 8 mois, votre bébé est non seulement capable d'avoir des conversations avec vous, mais il vous renvoie aussi vos émotions : si vous pleurez, par exemple, il pleure aussi.

Communication

Apprendre des mots

Votre bébé boit vos paroles et son cerveau travaille sans relâche pour comprendre et se souvenir des mots que vous prononcez. Commentez en permanence ce qui se passe ou ce que vous voyez pour l'aider à développer son langage.

Essayez le « parler bébé » Quand vous lui parlez, exagérez le ton chantant de votre discours et faites des phrases courtes et des répétitions. C'est ce qu'on appelle le « parler bébé ». Il est démontré qu'il aide le bébé à se concentrer et lui permet d'apprendre plus vite.

Comment et pourquoi le stimuler

Discutez avec lui, décrivez ce que vous faites ou ce que vous voyez et lisez-lui des livres.

★ Il enrichit son vocabulaire. Plus il entend de mots, surtout régulièrement répétés, plus il apprend.

★ Il comprend de mieux en mieux. À partir des descriptions que vous faites, il apprend le sens des mots et la manière dont on produit les sons qui les composent.

★ Il comprend ce qu'il faut faire. Il se rapproche du stade où il saura obéir à une consigne simple et courte.

★ Il apprend les règles de la communication. Il est attentif aux phrases, aux intonations et aux pauses du discours.

Qu'est-ce que c'est ? À l'intérieur comme à l'extérieur de la maison, les choses à nommer et à décrire ne manquent pas. Nommez-les par leur vrai nom plutôt que par des raccourcis ou des mots inventés – « banane » ou lieu de « nane » et « chien » au lieu de « wouf-wouf ».

Commentaires en direct Vous ne serez jamais à court de mots si vous commentez ce qui se passe. À chaque nouvelle activité, décrivez ce qu'il est en train de faire, la couleur et la forme des jouets et les sons qu'il entend.

Communication

Pointer du doigt

Votre bébé découvre que montrer les choses avec son index constitue un formidable outil de communication. À 9 mois, il commence à s'y essayer et à produire des sons pour attirer votre attention et dire ce qu'il veut.

Comment et pourquoi le stimuler

Montrez-lui comment pointer les choses du doigt et réagissez quand il le fait.

★ Il comprend la signification des gestes. Il apprend que pointer du doigt est un mouvement chargé de sens.

★ Il communique sans parler. Les gestes (pointer du doigt, par exemple) permettent à votre bébé de dire « regarde là-bas », ou « mets-le là » avant même de pouvoir s'exprimer verbalement.

★ Il apprend à associer les gestes à des mots. Quand vous parlez en faisant des gestes, il apprend que les mots et les actions se complètent.

Là-bas Votre bébé découvre qu'il peut attirer votre attention sur un objet en le pointant du doigt. Regardez dans la direction qu'il indique et décrivez ce qu'il vous montre. Pointez vous-même l'objet du doigt ou touchez-le pour renforcer la signification du geste.

1 **À 9 mois,** il pointe les choses du doigt et il adore vous voir réagir. Quand il montre quelque chose, demandez-lui : « Tu veux ça ? » Imitez-le en montrant l'objet du doigt tout en mettant des mots sur son souhait.

2 **Après l'avoir encouragé** en lui souriant et en regardant dans la direction de son doigt, donnez-lui l'objet pour l'aider à faire le lien. Vers 15 mois, il utilisera le même geste pour dire : « Donne-moi ça. »

MÉMO

Savoir pointer du doigt constitue une compétence pré-verbale. Montrez-lui que vous le comprenez en lui disant : « Tu veux ton doudou ? » ou « C'est ce cube-là que tu veux ? »

Communication

Réagir à la musique

Ajoutez de la musique et des mouvements aux mots. Votre bébé apprendra le rythme et la structure du discours en même temps que le vocabulaire. Chantez-lui des airs de votre enfance et de nouvelles comptines.

Comptines mimées Le rythme d'une phrase comme « Bateau sur l'eau » est un moyen pour votre bébé d'apprendre. Joignez le geste à la parole. Balancez-le d'avant en arrière en rythme pour l'aider à se souvenir des mots.

Danse Comme le langage parlé, la musique et le chant ont un rythme. Aidez votre bébé à les percevoir en le faisant bouger sur de la musique : tenez-le dans vos bras et balancez-le, faites-le sautiller ou tournoyer en rythme.

Comptines Les comptines favorites de votre bébé sont une mine de vocabulaire pour lui. Le fait de répéter sans arrêt les mêmes mots le familiarise avec eux, et chaque phrase l'aide à acquérir la structure du langage.

Comment et pourquoi le stimuler

Introduisez de la musique, des chants et des danses dans les jeux.

★ Il apprend par la répétition. Les poésies, les ritournelles et les chansons qu'il aime vous entendre réciter ou chanter sont un bon moyen de lui apprendre du vocabulaire.

★ Il perçoit les mesures qui rythment la musique et le langage. L'intonation montante ou descendante des phrases et la hauteur de la voix rappellent celles de la musique : en écoutant l'une, il apprend l'autre.

★ Il découvre le plaisir d'associer mots et mouvements. Grâce aux comptines absurdes et aux figures improvisées de danse, il découvre le langage tout en jouant.

MÉMO

Si votre répertoire de comptines est un peu pauvre, investissez dans un DVD qui vous donnera des idées d'activités associant mots et gestes. Vous ne vous ruinerez pas et votre bébé en profitera un bon moment encore.

Communication

Gestes et signes

Votre bébé communique ses émotions et ses désirs par des mimiques et des signaux sans équivoque. Toute la difficulté pour vous consiste à interpréter ses gestes et ses regards et à y réagir pour lui montrer que vous avez compris.

Comment et pourquoi le stimuler

Interprétez les signaux qu'il vous envoie et réagissez-y.

★ Il s'exprime. Par son visage et son corps, il dispose d'un moyen d'expression puissant. Ses gestes deviennent plus complexes.

★ Il améliore ses compétences en matière de communication. Les gestes et le langage corporel ajoutent du sens aux mots prononcés. Il continuera à y avoir recours quand il commencera à parler.

★ Il dispose d'un moyen pour vous faire comprendre ce qu'il ressent. En mettant un mot sur ses émotions, vous le préparez à identifier les différents sentiments.

Langage corporel Votre bébé ne peut pas dire ce qu'il ressent, mais il communique à travers son corps. S'il détourne la tête, fronce le nez et pince les lèvres, ce peut être pour exprimer sa colère, son hésitation ou sa frustration. Quand vous percevez un sentiment, nommez-le.

MÉMO

Désormais, face à une situation ou à quelque chose ou quelqu'un de nouveau, il observe ce que votre visage et votre corps expriment pour essayer de savoir s'il ne court aucun danger.

Langage familial En vous voyant répéter les mêmes gestes, votre bébé se les appropriera. Associez un geste à une action et il en comprendra vite la signification. Frottez-vous le ventre en lui donnant à manger ou levez les pouces quand vous lui souriez en signe d'approbation.

Une interprétation variable Suivant les signes qui accompagnent un geste, la signification varie. S'il vous sourit en laissant tomber un jouet, il vous montre que c'est un jeu, mais s'il fronce les sourcils ou pleure en faisant le même geste, cela signifie qu'il n'en veut pas.

Le *baby-sign*

Cette langue des signes pour bébés importée des États-Unis est constituée de gestes de la main représentant un mot ou une idée. Elle peut être enseignée dès l'âge de 6 mois.

Pourquoi le *baby-sign* ? Cette méthode permet au bébé de s'exprimer plus tôt et évite ainsi la frustration de ne pas se faire comprendre. Il peut, par exemple, vous dire qu'il a soif en faisant le signe correspondant à « lait ».

Ce qu'il faut savoir Le sujet fait débat. Cette méthode, axée sur des mouvements appris, intéresse certains orthophonistes. Mais pour beaucoup d'autres, le recours à des gestes naturels et la qualité des interactions entre parents et enfants qu'ils permettent sont le moyen idéal pour développer le langage. En tout état de cause, ne laissez pas ce mode de communication primer sur un langage naturel passant par les gestes, le toucher, la parole et le chant. Si votre bébé présente un retard de langage, parce qu'il entend mal, par exemple, le *baby-sign* pourra être d'un grand secours, mais la décision de l'utiliser doit être prise en accord avec un professionnel.

J'ai soif Grâce aux signes, par exemple celui ci-dessus, qui signifie « lait », votre bébé peut exprimer ses besoins.

Développement intellectuel

De cause à effet

Votre bébé est ravi de découvrir qu'une action de sa part peut allumer une lumière, faire un bruit ou renverser quelque chose, et il n'a qu'une envie : recommencer. Tout en s'amusant, il découvre la relation de cause à effet.

Comment et pourquoi le stimuler

Donnez-lui des jouets avec des lumières et des sonneries qu'il peut déclencher lui-même.

★ Il va pouvoir comprendre la relation de cause à effet. Il découvre petit à petit qu'une chose peut en affecter une autre.

★ Il expérimente le fonctionnement des choses. Même s'il n'est pas encore capable de les appréhender sur le plan théorique, il constate en jouant les effets de phénomènes comme la gravité, le poids ou la vitesse.

★ Il éprouve de la satisfaction. À chaque fois que quelque chose se produit grâce à lui, il a la preuve de son efficacité et cela lui donne envie de réessayer.

Renverser En démolissant fièrement une tour, votre bébé découvre la relation de cause à effet. Qu'elle soit construite avec des gobelets ou des cubes en tissu, il prendra un malin plaisir à la renverser d'un revers de main.

Faire rouler Votre bébé est enchanté de voir que chaque action est suivie d'une réaction. Les jouets à traîner l'attirent, car il contrôle leur direction. Il adore faire rouler un ballon vers vous et vous regarder le lui renvoyer.

Monter, descendre Il est fasciné par les effets de la gravité. Il adore regarder ce qui se passe quand il fait rouler une voiture jusqu'en haut d'une pente et la laisse redescendre.

Appuyer En appuyant sur la sonnette ou en enfonçant une touche sur un jouet, il découvre comment produire un effet avec un bouton ou un levier. Donnez-lui des jouets qui bipent ou s'allument quand il appuie, pousse ou tire.

MÉMO

De nombreux jouets permettent à un bébé de comprendre la relation de cause à effet : mobiles, hochets, jouets à empiler, jouets qui sautent, jouets musicaux, gobelets et jouets pour le bain, jouets qui couinent.

Développement intellectuel

Les promenades

Votre bébé est assez éveillé pour prendre conscience de son environnement. Il est avide de nouvelles sensations et les promenades lui offrent un bol d'air et une perspective nouvelle pour stimuler ses sens.

Nouveaux horizons Changez-le d'environnement pour stimuler ses sens. Observer de loin, sentir le vent sur sa peau ou voir la lumière changer sont autant d'occasions de percevoir de nouvelles informations.

Comment et pourquoi le stimuler

Laissez-lui le temps de regarder, de toucher et d'apprécier ce qu'il voit dehors.

★ Il explore différents éléments. Chaque nouvel environnement est associé à des odeurs, des textures et des matériaux qui viennent satisfaire la curiosité de ses sens.

★ Il se familiarise avec des sensations nouvelles. Il apprend ainsi à connaître son environnement.

★ Il apprécie de changer de décor. Changer de cadre lui donne envie d'explorer.

Voir et toucher Les textures, les formes irrégulières et les couleurs que l'on trouve dans la nature contribuent au développement sensoriel de votre bébé. Laissez-le regarder et toucher l'écorce des arbres, les coquillages de la plage ou les cailloux des sentiers.

Expériences Beaucoup de choses ordinaires sont excitantes pour votre bébé. Donnez-lui l'occasion de regarder et d'écouter quand vous êtes dehors. Montrez-lui des canards au bord d'un étang, un bateau sur une rivière ou les écureuils et les oiseaux dans le jardin.

Développement intellectuel

Cache-cache

Votre bébé est en train de franchir une étape cruciale de son développement : il prend conscience que les jouets (ou vous) continuent d'exister quand il ne peut plus les voir, les entendre ou les toucher.

Comment et pourquoi le stimuler

Jouez avec lui à chercher des objets ou faites des parties de coucou-caché avec lui.

★ Cela l'aide à mieux comprendre les choses. Votre bébé apprend par l'expérience que les gens et les choses existent même quand on ne les voit pas.

★ Il apprend à se souvenir des gens et des choses. Il est important pour son développement cognitif qu'il se fasse une représentation mentale de ce qui constitue son environnement.

★ Il développe sa mémoire. Dans la mesure où il garde à l'esprit l'image de l'objet qu'il s'attend à voir, le jeu de cache-cache fait appel à la mémoire visuelle.

Coucou ! Votre bébé est tout excité à l'idée de vous voir réapparaître. Cachez votre visage derrière un foulard, mettez un chapeau sur vos yeux ou cachez-vous derrière vos mains, puis montrez-vous en criant : « Coucou ! »

MÉMO

Vous allez jouer à coucou-caché ou à cache-cache avec votre enfant pendant de nombreuses années encore : la raison du succès durable de ce jeu, c'est qu'il revêt une signification différente à chaque stade du développement.

Je te vois Couvrez-lui le visage avec une petite couverture, un mouchoir ou un morceau de dentelle. Retirez-le ou laissez-le se découvrir tout seul et réagissez en vous écriant : « Ah, tu es là ! » Il sera ravi à l'idée que vous ne saviez pas où il était.

Il est là Parfois, l'enfant cache lui-même le jouet pour le plaisir de le découvrir.

Spectacle Jouez à faire apparaître et disparaître les choses en utilisant des marionnettes ou des jouets. Faites-les surgir plusieurs fois derrière le haut du canapé, en changeant de place à chaque fois. Il sera sur le qui-vive, guettant leur apparition.

La permanence de l'objet

Comprendre que les gens et les choses continuent d'exister même quand on ne peut pas les voir, les toucher ou les entendre constitue une étape clé dans le développement cognitif du bébé.

Une nouvelle vision des choses
Le concept de « permanence de l'objet » signifie que si votre bébé laisse tomber un jouet et qu'il ne peut plus le voir, il va le chercher, car il sait qu'il va le trouver. Cette notion commence à apparaître vers l'âge de 3 mois et elle est acquise vers 12 mois.

Un individu distinct Avant de comprendre que les objets ont un caractère permanent, le bébé réalise que sa maman existe en tant que personne distincte de lui, même quand il ne peut ni la voir ni l'entendre. Il le montre en vous cherchant du regard tout autour de lui quand vous n'êtes pas là. C'est aussi un pas en avant dans le développement de la perception de soi ; il va petit à petit prendre conscience qu'il existe en tant qu'individu, différent de sa maman et des autres.

10-12 mois

VOTRE BÉBÉ EST ACTIF

Votre enfant ne sera bientôt plus un bébé. Il fait beaucoup d'efforts pour développer les compétences nécessaires pour marcher, parler et s'intégrer à son environnement. Vos encouragements lui donneront confiance pour tenter de nouvelles expériences.

SOCIALISATION

À 1 an, votre bébé va progressivement montrer un intérêt plus marqué pour les gens qui l'entourent ; il va, certes, continuer à jouer tout seul en présence d'autres enfants, mais il les observera aussi à distance et les imitera.

De plus en plus indépendant, il va vouloir fouiner partout. Il a néanmoins besoin de vous savoir à proximité pour vous lâcher un peu. Malgré cette indépendance nouvelle, il continue à apprécier le cadre sécurisant d'une routine quotidienne bien établie.

Son développement affectif se poursuit également. Il prend de plus en plus conscience de ses émotions et de celles des autres. Vers 12 mois, il commence à être plus démonstratif : il vous fait des bisous pour vous montrer qu'il vous aime ou vous repousse quand il est de mauvaise humeur.

La conscience de soi est en plein développement et il commence à comprendre comment il interagit avec les autres, même s'il ne prend pas encore vraiment la mesure de son propre comportement.

MOTRICITÉ

Vers l'âge de 10 mois, votre bébé saura probablement tenir debout en étant soutenu, et il commencera à se déplacer en faisant des pas de côté et en se tenant aux meubles.

Gestes Il apprend maintenant à utiliser les gestes et les signes, notamment et surtout pointer les choses du doigt et tendre les bras. Il s'en sert désormais plus souvent, pour exprimer un souhait.

Formes et dimensions Il observe et manipule les objets pour en percevoir la forme et les dimensions. Il apprend que certains sont différents et que d'autres peuvent s'encastrer. Les boîtes à formes et les jeux d'encastrement sont un excellent moyen pour appréhender ces concepts.

Ces déplacements constituent les prémices de ses premiers vrais pas – que vous attendez avec tant d'impatience. Certains bébés mettent moins de temps à marcher que d'autres. Quelques-uns marchent à 12 mois, mais la plupart font leurs premiers pas entre 12 et 15 mois. Sachez cependant qu'entre son premier pas incertain et le moment où il marchera vraiment, la transition est progressive et peut prendre plusieurs semaines.

Vous pouvez stimuler la motricité de votre bébé en faisant alterner les moments où il reste tranquillement assis avec des phases d'activité, car c'est en jouant qu'il fait les plus gros progrès et qu'il prend de l'assurance. Veillez en tout cas à ce qu'il ne passe pas trop de temps ficelé dans un siège-auto, une chaise haute ou une poussette.

PRÉHENSION

Votre bébé s'apprête à franchir une étape importante : contrôler les mouvements qu'il effectue avec la « pince » formée avec ses doigts. Vers 12-15 mois, il va affiner sa capacité à tenir les objets entre le pouce et l'index, ce qui lui ouvrira de nouvelles perspectives d'apprentissage, puisqu'il pourra tenir un crayon, une cuillère, un pinceau ou un crayon de cire.

Dans les mois qui suivent, à force de s'exercer, il dirigera sa main avec de plus en plus de précision pour saisir les objets, qu'ils soient gros ou petits.

COMMUNICATION

L'un des progrès les plus spectaculaires de cette période de sa vie, c'est la maîtrise du langage. Plus vous communiquez avec lui par le toucher, le regard, les gestes, le chant et la parole, plus vous l'aidez à développer son langage. À 10 mois, il associera deux syllabes redoublées, par exemple « baba ». À 12 mois, pour votre plus grand plaisir, il vous appellera « mama » ou « papa » et utilisera de façon régulière deux à six mots identifiables.

Ses capacités d'écoute s'améliorent aussi. Il apprend à attendre vos réponses, ce qui lui permet d'assimiler le concept de tour de parole. Il comprend de mieux en mieux et, à 12 mois,

Stimulations Votre bébé est de plus en plus actif et il adore les environnements nouveaux où il peut faire toutes sortes de découvertes. Les excursions – une journée au bord de la mer, par exemple – lui donnent l'occasion de faire le plein de sensations nouvelles et de laisser libre cours à ses envies d'exploration.

il est capable de réagir à des consignes simples, comme : « Prends la balle. ». Il utilise également avec une assurance grandissante les gestes et les signes – il fait par exemple « au revoir » de la main. Il commence donc vraiment à se faire comprendre.

DÉVELOPPEMENT INTELLECTUEL

Votre bébé apprend à maîtriser des concepts comme la notion de contenu et de contenant (dedans/dehors), ce qui lui permet d'appréhender les positions des objets et des gens les uns par rapport aux autres et renforce sa compréhension de la notion de permanence de l'objet (voir p. 105). Il commence aussi à percevoir les propriétés des objets, notamment leur texture et leur taille, et il peut commencer, avec votre aide, à effectuer des comparaisons. Les jeux d'imagination commencent à apparaître et vont continuer à évoluer, lui ouvrant tout un nouvel univers de jeu.

Le plaisir des livres Votre bébé est plus habile de ses mains et manipule plus facilement les jouets et les livres. C'est le bon moment pour lui faire découvrir les livres animés, qui récompensent son habileté par la « surprise » à découvrir sous chaque languette.

Debout Vers l'âge de 10 mois, il commence à se mettre debout en s'accrochant aux meubles. Aidez-le à s'exercer à rester debout en lui tenant les mains. Il ne tardera pas à se déplacer en se tenant.

Socialisation

Pas trop loin

Votre bébé prend de l'assurance et il a envie d'explorer son environnement – à condition que vous soyez à côté. Il n'a plus besoin d'être dans vos bras pour se sentir en sécurité : un coup d'œil vers vous suffit à le rassurer.

Comment et pourquoi le stimuler

Restez près de lui pour qu'il puisse vous voir et vous entendre tout en jouant.

★ Il se sent en sécurité. Vous représentez la base qui le sécurise ; votre présence lui permet de se concentrer sur ses jeux, car il sait que vous le surveillez.

★ Il apprend à mettre un peu de distance entre vous. Par votre présence rassurante, vous lui donnez de l'assurance pour s'éloigner un peu et aller découvrir autre chose.

★ Il s'amuse tout seul. Il a autant besoin de jouer tout seul qu'avec vous. Il apprend à s'occuper, même si cela ne dure pas longtemps.

Dans son monde S'il sait que vous n'êtes pas loin, il est capable de jouer tout seul une dizaine de minutes. Donnez-lui différentes sortes de jouets – boîte à forme, maracas ou peluches dont le tissu crisse, par exemple.

Coup d'œil Même s'il joue tranquillement dans son coin, il a besoin de savoir que vous pensez à lui. Venez voir de temps en temps ce qu'il fait et donnez-lui éventuellement d'autres jouets.

MÉMO

Si vous reprenez le travail maintenant, le fait que votre bébé comprenne que votre absence ne dure jamais peut vous faciliter les choses. Enfoncez le clou en lui disant joyeusement au revoir et aussi que vous ne serez pas partie longtemps.

À portée de vue Votre bébé ne s'amusera tout seul que si vous restez dans son champ de vision. Installez-le sur un tapis dans la même pièce que vous, avec ses jouets, pour qu'il puisse régulièrement s'assurer que vous êtes là.

Poste d'observation Depuis sa chaise haute, il est en bonne position pour vous voir tout en jouant. Posez devant lui un jouet à mâchonner, un puzzle en bois ou un album cartonné pour qu'il ait de quoi s'occuper.

Socialisation

Exprimer ses émotions

Extériorisez vos émotions et votre bébé extériorisera les siennes. Plus vous serez démonstrative, plus il les exprimera facilement. C'est sur ses premières expériences affectives qu'il calquera son comportement plus tard.

Jeux de rôles Votre bébé apprend beaucoup sur les relations avec les autres en vous regardant. Jouez à « faire semblant » et faites un gros câlin à son nounours ou mettez ses marionnettes en scène en leur faisant exprimer des sentiments.

Comment et pourquoi le stimuler

Exprimez vos sentiments par des actions, des mots ou des histoires.

★ Il apprend à recevoir et à faire des câlins. En acceptant l'affection des autres et en en donnant, il s'habitue à un mode de relation qu'il gardera toute sa vie.

★ Il apprend à exprimer ses émotions. Il se donne les moyens d'exprimer ce qu'il ressent à travers son comportement et son langage corporel.

★ Il prend conscience. Il découvre différentes émotions en observant la manière dont vous réagissez à ce qu'il ressent.

Câlins et bisous Plus vous témoignerez physiquement votre affection à votre bébé, plus il sera réceptif aux marques de tendresse. N'attendez pas qu'il vous le demande pour lui faire un gros câlin, une caresse, des bisous ou un massage.

Montrez l'exemple Vous êtes un modèle pour votre bébé. À chaque fois qu'il vous voit témoigner de l'affection aux gens, ou même aux animaux de la maison, il a envie de vous imiter et n'hésite pas à témoigner lui aussi son amour.

Socialisation

Blotti contre maman

L'heure du coucher est une occasion de vous blottir l'un contre l'autre. Le rituel du soir vous permet à tous les deux de vous détendre et, plus important encore, vous donne l'occasion de profiter l'un de l'autre sans être interrompus et de vivre un moment d'intimité extraordinaire.

Comment et pourquoi le stimuler

Instaurez un rituel du coucher, dans une atmosphère calme.

★ Il est rassuré. Grâce à votre présence sécurisante et à ce rituel apaisant, il se sent suffisamment en sécurité pour s'abandonner au sommeil.

★ Vos liens se renforcent. Ces moments de calme où chacun est à l'écoute de l'autre créent un sentiment de proximité.

Et...

★ Il aura son compte de sommeil. À son âge, il doit dormir environ quatorze heures par jour, en comptant deux siestes dans la journée.

★ Il se couche apaisé. Le rituel du coucher est destiné à lui envoyer un signal : il est temps de se détendre pour pouvoir s'endormir.

On se calme Si vous suivez tous les soirs à la même heure le même rituel – par exemple le bain, puis le dîner, une histoire et un câlin avant de le quitter – il sait ce qui l'attend et il se sent rassuré.

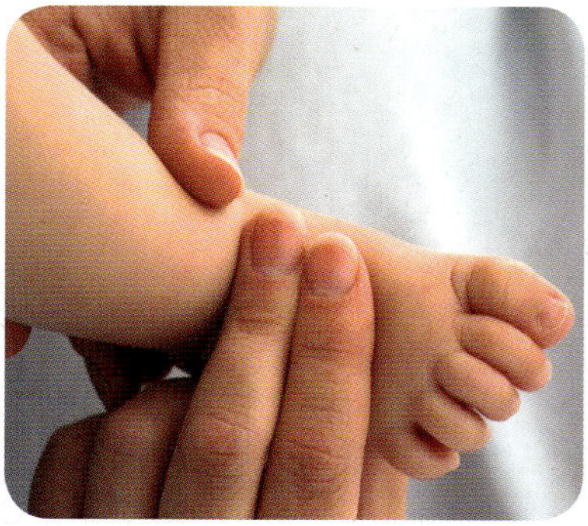

Un contact apaisant Votre bébé appréciera que lui massiez les mains ou les pieds, quand il est dans son lit. Une main posée sur sa tête ou son corps, des petites caresses le rassurent et lui permettent de s'endormir tranquille.

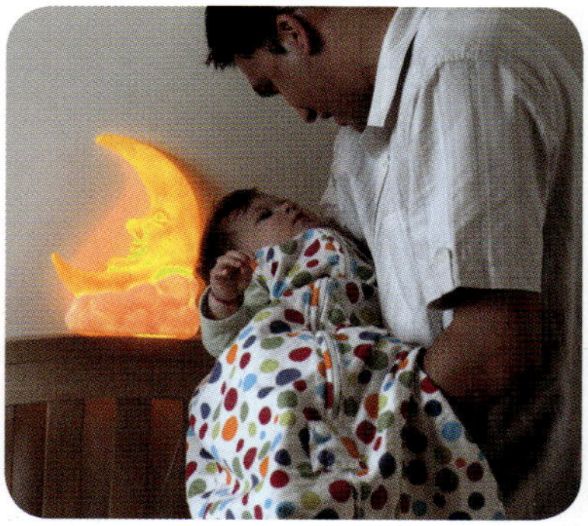

Conditions idéales Limitez l'éclairage de sa chambre et faites le moins de bruit possible. Un rideau occultant peut être utile l'été. Veillez aussi à ce qu'il ne fasse pas trop chaud.

MÉMO

Établir un rituel du coucher au cours de la première année est bénéfique pour votre bébé dès maintenant, mais cela lui permet aussi de faire des associations positives qui l'aideront pendant de nombreuses années à trouver le sommeil.

Une histoire Les moments où vous vous blottissez tranquillement l'un contre l'autre pour lire un livre avant de le mettre au lit ont quelque chose de particulier. L'habitude de lire avant de dormir a de grandes chances de lui rester toute sa vie.

Les rituels chez les bébés de plus d'un an

Quand votre bébé grandit, il est important de conserver les mêmes habitudes. Néanmoins, bien que les activités restent grosso modo identiques, votre rituel s'adaptera un peu au fur et à mesure de l'évolution de votre bébé, avec, par exemple, un temps de lecture plus long.

Il sait à quoi s'attendre Les rituels permettent aux enfants de se préparer à des moments particuliers. L'enchaînement prévisible des évènements joue le rôle de signal : il sait ce qui va se passer et il peut s'y préparer. Il suffit, par exemple, que vous lui enfiliez son manteau et que vous le mettiez dans sa poussette pour qu'il soit tout excité à l'idée d'aller se promener. De même, quand vous lui donnez son bain et que vous le prenez contre vous pour lui lire une histoire, il commence automatiquement à se calmer, car ce sont des messages lui indiquant qu'il est temps de se calmer avant d'aller dormir.

Un peu de souplesse
Évidemment, il n'est pas possible de faire exactement la même chose tous les jours, mais essayez de les faire à peu près dans le même ordre : rituel du lever, sieste du matin, puis de l'après-midi, jeux, visites ou sorties et, enfin, rituel du coucher. Ce cadre vous permet de structurer la journée, même si l'heure exacte de chaque évènement varie d'un jour à l'autre en fonction de ses besoins – il peut en effet avoir faim ou bien envie de dormir ou de jouer un peu plus tôt ou un peu plus tard que d'habitude.

Socialisation

En bonne compagnie

Votre bébé a envie de rencontrer des enfants de son âge. C'est vous qui allez organiser les rencontres, en l'emmenant chez vos amies ou au parc, par exemple. Il manifeste son intérêt pour les autres enfants en les regardant et les touchant, mais il ne jouera avec eux que si vous participez vous aussi.

Comment et pourquoi le stimuler

Donnez-lui l'occasion de rencontrer d'autres bébés et enfants.

★ Cela l'aide à être plus à l'aise avec ses pairs. Le simple fait d'être avec eux est un pas vers la socialisation.

★ Il observe et apprend. Il commence par se contenter d'observer ses futurs compagnons de jeu. Puis, dans les mois les mois qui viennent, il se mettra à jouer à côté d'eux.

★ Il fait des découvertes. Il découvre comment sont les autres bébés et la manière dont ils réagissent.

★ Il s'entraîne avec ses frères et sœurs. Jouer et interagir sous la direction des aînés lui donne l'occasion d'exercer ses compétences sociales avec quelqu'un de familier.

La joie de regarder Votre bébé aime bien jouer avec vous ou même tout seul, mais il n'est pas encore prêt à se joindre aux autres enfants. Donnez-lui l'occasion de les observer et parlez-lui de ce qu'ils font : l'observation est le point de départ de la socialisation.

MÉMO

Ne sous-estimez pas l'importance des amitiés précoces. Elles sont souvent durables, et les copains qu'il se fait maintenant l'accompagneront peut-être durant une partie de sa scolarité.

Premier contact À ce stade, votre bébé a envie de tout découvrir, et il abordera les autres enfants comme des objets à explorer. Incitez les plus grands à être patients s'il les touche ou essaie de les faire bouger.

Approche Votre bébé découvre ses pairs en les observant attentivement. Laissez-le les regarder installé sur vos genoux ou assis près d'eux à la ludothèque ou au baby-yoga, par exemple.

Des compagnons tout trouvés Il est plus facile pour votre bébé d'exercer ses compétences sociales avec un grand frère ou une grande sœur qu'avec ses pairs. Surveillez-les quand ils jouent ensemble à « coucou-caché », quand ils s'envoient un ballon en le faisant rouler ou quand ils « discutent » ensemble.

La conscience de soi

Votre bébé commence à comprendre qu'il est une personne distincte. Cette évolution se manifeste vers l'âge de 3 mois, quand il se tourne pour vous chercher si vous disparaissez de son champ de vision.

Perception du monde Votre bébé sait maintenant que vous existez même s'il ne peut ni vous voir ni vous entendre.
Sa conscience de soi émerge au fur et à mesure qu'il découvre son corps et apprend à le maîtriser. Il commence à avoir une représentation mentale de lui-même et des gens qu'il connaît. Vers 12 mois, il sait faire la différence entre une photo de lui et celle d'un autre bébé. Il découvrira ensuite, vers 15 mois, que l'image qu'il voit dans le miroir est la sienne.

Faire semblant C'est le moment de l'apparition des jeux d'imagination.
Il reproduit le comportement des autres quand il fait des câlins à son nounours ou qu'il fait semblant de vous donner à boire.

Conscience de soi À cet âge, la conscience de soi de votre bébé n'est pas encore très développée. Ce n'est qu'au cours de sa deuxième année qu'il commencera à s'affirmer et à prendre conscience de son comportement, en se montrant, par exemple, gêné ou honteux.

Maman et moi La prise de conscience de son individualité est une étape importante pour votre bébé, et il va sans doute régulièrement vérifier que vous êtes toujours là.

Motricité

Il se déplace

Votre bébé fait un énorme progrès quand il commence à se tenir debout et à se déplacer en se tenant aux meubles, en faisant des petits pas de côté. Ces premiers « pas » mal assurés ne doivent pas vous prendre au dépourvu !

Comment et pourquoi le stimuler

Incitez votre bébé à se déplacer en se tenant aux meubles et à se tenir debout tout seul.

★ Il acquiert de l'équilibre. Les pas de côté l'aident à acquérir stabilité et coordination, et le préparent à la marche.

★ Tous les mouvements qu'il fait sont utiles pour le développement des muscles de ses jambes.

★ Il s'exerce à faire des pas. Qu'il se déplace sur le côté accroché aux meubles ou qu'il reste debout sur place, il s'exerce à soulever ses pieds et à les poser.

★ Il obtient ce qu'il veut. Il aspire à être plus indépendant – en étant plus mobile, il arrive à attraper plus de choses tout seul.

Pas de côté Il adore se déplacer pour attraper quelque chose. Mettez, par exemple, un jouet ou un nounours à l'autre bout du canapé pour qu'il ait à faire quelques pas pour l'atteindre.

Sans appui Quand il se déplacera en s'accrochant aux meubles, mettez-lui plusieurs chaises un peu écartées les unes des autres pour l'obliger à se lâcher pour passer de l'une à l'autre.

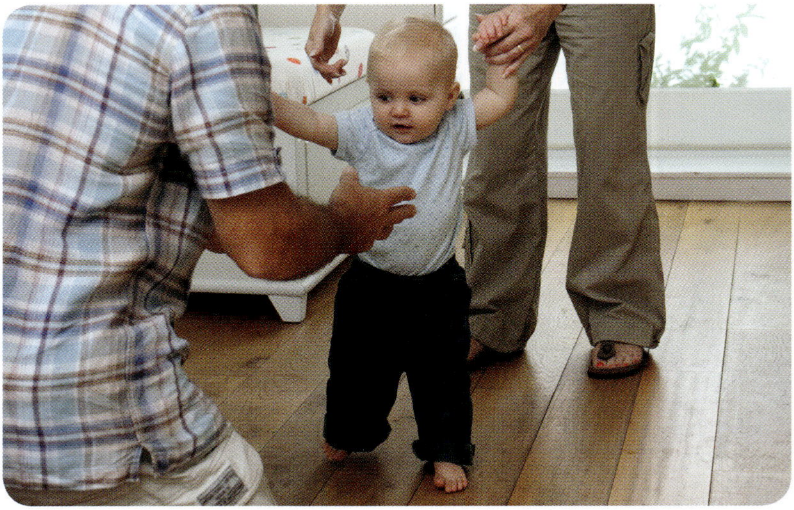

Viens dans mes bras Si vous lui tendez les bras, il acceptera peut-être de lâcher les meubles et de faire quelques pas, ou de faire un pas de côté entre deux meubles pour arriver jusqu'à vous et obtenir son câlin.

MÉMO

Si votre bébé est né prématurément, il franchira les étapes un peu plus tard, c'est normal. Pour éviter de vous inquiéter, suivez son développement en partant de la date d'accouchement prévue et non de sa date de naissance.

Motricité

Laisser tomber et lancer

Votre bébé a découvert le plaisir de laisser tomber et de lancer ses jouets ou des balles. Il essaie de vous tester et de voir combien de fois vous allez lui redonner ce qu'il a fait tomber, et il va s'exercer à relâcher les objets pour les lancer en effectuant des mouvements plus ou moins amples.

Un jeu sans fin C'est l'un de ses jeux préférés : laisser tomber un jouet de sa poussette ou de sa chaise haute pour que vous le ramassiez et lui redonniez, puis recommencer, encore et encore.

Doux et mou C'est plus facile avec les objets mous, comme les balles molles, qui s'écrasent entre ses doigts. Montrez-lui comment lancer en lui soulevant la main, paume vers l'extérieur, et en la faisant pivoter.

Entraînement Donnez-lui toutes sortes de choses à lancer. Essayez le papier froissé, léger et facile à manipuler. Une piscine à balles, où il pourra soulever les balles en les balayant de ses bras, est une bonne idée aussi.

Comment et pourquoi le stimuler

Quand il laisse tomber ou jette ses jouets ou des balles, participez vous aussi.

★ Il apprend à affiner ses gestes. Il découvre notamment à quel moment lâcher la balle quand il veut la lancer.

★ Il s'entraîne à coordonner son œil et sa main. À force de lancer les objets, il améliore sa capacité à viser et à contrôler ses muscles.

★ Il s'active. Pour essayer de rattraper les balles qu'il a lancées, il va être obligé de se déplacer à quatre pattes ou de marcher en s'accrochant aux meubles.

Autre bénéfice :

★ Il s'amuse. C'est incroyable comme on peut s'amuser avec un simple objet, rien qu'en le faisant rouler, en le lançant ou en le laissant tomber.

MÉMO

Non seulement c'est amusant de laisser tomber ou de lancer les objets, mais cela lui apprend aussi à évaluer les petites distances et à être plus adroit pour passer les objets.

Préhension

Jeux d'eau

Éclabousser, verser… autant de façons de s'amuser avec de l'eau. Ces jeux sont une bonne occasion pour s'exercer à affiner ses mouvements et contrôler ses muscles. Et c'est tellement amusant d'en mettre partout !

Comment et pourquoi le stimuler

Faites-lui découvrir les jeux d'eau dans une bassine, une baignoire ou une piscine gonflable en lui donnant différents jouets et récipients à manipuler.

★ Il apprend à tenir et à manipuler des objets de formes et de poids différents. Les tenir en équilibre dans sa main pour les retourner et les faire basculer lui demande de gros efforts.

★ Il améliore sa motricité fine, dans la mesure où les jeux d'eau mobilisent les muscles des poignets, des mains et des doigts.

★ Il renforce sa prise. En comprimant les jouets pour en faire sortir de l'eau, il fait travailler les muscles utilisés pour tenir les objets.

Autre bénéfice :

★ Il comprend mieux la relation de cause à effet. Lorsqu'il verse de l'eau, par exemple, il a la satisfaction de voir immédiatement le résultat de ses actions.

MÉMO

Pour sa sécurité, ne laissez jamais votre bébé sans surveillance dans l'eau ou à proximité d'un point d'eau, quelle que soit sa profondeur, même un court instant.

Je verse Donnez-lui des gobelets en plastique ou un petit arrosoir à remplir d'eau et à vider en éclaboussant tout autour de lui dans le bain. Il s'amusera tout en affinant les mouvements de ses mains et de ses poignets.

Faire flotter Si vous voulez le faire jouer avec de l'eau sans le plonger dedans, mettez de l'eau dans une bassine avec des jouets. Remplissez une passoire et regardez ensemble l'eau couler à travers les trous, ou videz des récipients.

Faire couler Les jeux d'eau sont à la fois un exercice de coordination (tenir et verser) et un moyen de s'amuser. Il ne se lassera pas d'observer l'effet obtenu quand il verse de l'eau sur les roues de son petit moulin pour le faire tourner ou quand il remplit son seau jusqu'à ce qu'il déborde.

Communication

Chacun à son tour

Votre bébé apprend que parler, ce n'est pas juste produire des sons. Il doit autant attendre et écouter que s'exprimer. À force de s'exercer, il appréciera les échanges qu'impliquent les jeux et la conversation.

Comment et pourquoi le stimuler

Faites-le jouer à des jeux où chacun doit attendre son tour et tenez des conversations.

★ Il apprend à attendre son tour.
La communication est fondée sur l'envoi et la réception de messages. Les jeux et les conversations l'aident à développer cette compétence.

★ Il engage la conversation avec vous.
Il participe de plus en plus, en écoutant, puis en répondant.

★ Il se rend compte qu'il est écouté.
Il apprend que les sons et les gestes qu'il produit ont un sens pour vous.

Et...

★ Il prend l'habitude de patienter. Attendre son tour est un moyen de l'aider à gérer les brefs moments d'attente.

Écouter et répondre Quand votre bébé associe plusieurs sons comme « aa-gaa » ou « ma-ma », répétez-les, attendez sa réaction et répondez. Poursuivez l'échange.

À toi maintenant Pour qu'il s'habitue à prendre son tour, jouez à vous renvoyer des jouets. Asseyez-vous par terre l'un en face de l'autre et faites rouler un ballon jusqu'à lui, et incitez-le à vous le renvoyer en lui disant : « À toi, maintenant. »

Communication

Décrire et comparer

Plus vous donnerez de détails sur ce que vous faites, mieux votre bébé maîtrisera le langage. Il lui faudra encore un moment avant de nommer les couleurs et les textures, mais il peut dès maintenant comprendre ce qui les différencie.

Le nom des couleurs Vous pouvez maintenant indiquer le nom des couleurs à votre bébé. Quand il touche un cube ou un jouet, dites « : Ça, c'est vert », ou : « Le cube est rouge. » Commencez avec les couleurs primaires, plus faciles à distinguer que les teintes plus subtiles.

Comment et pourquoi le stimuler

Quand vous lui parlez, décrivez de façon claire et comparez tout ce que vous voyez.

★ Il enrichit son vocabulaire. Plus il entend de mots différents, plus son vocabulaire sera riche dans les mois qui viennent.

★ Il met un nom sur les propriétés des objets : leur couleur, leur taille, leur texture…

★ Il fait des comparaisons. Il découvre que les objets peuvent être regroupés selon leur taille, leur couleur ou n'importe quel autre critère.

Comparaisons Il commence à comprendre les notions de « plus gros » et « plus petit ». Pour qu'il les assimile bien, utilisez-les dans vos conversations. Par exemple, proposez-lui deux jouets et demandez-lui de vous montrer le « plus gros ».

Mou et dur Utilisez des mots qui décrivent les textures. Lorsqu'il fait un câlin à une peluche, demandez-lui : « Est-ce qu'il est doux ? » S'il acquiesce de la tête, montrez-lui qu'il a raison et dites-lui : « Oui, il est doux » pour bien mettre ce mot en valeur.

Communication

Le sens des mots

Votre bébé associe les mots et leur sens pour comprendre ce que vous dites. Sa compréhension est plus développée que sa capacité à parler : il comprend des phrases simples, même s'il ne sait dire qu'un ou deux mots.

Comment et pourquoi le stimuler

Occupez-le en lui posant des questions et en lui donnant des consignes simples.

★ Il commence à comprendre des consignes simples. Demandez-lui une seule chose à la fois et il sera capable de faire ce que vous attendez de lui.

★ Il apprend à agir en fonction de ce que vous attendez de lui. Pour l'aider à comprendre ce que vous voulez, montrez les choses du doigt et faites un signe de tête pour l'encourager.

★ Il apprend à coopérer. À voir votre joie quand il fait ce que vous lui demandez, il comprend que cela lui vaut votre approbation.

Obéir à une consigne Il a envie de vous faire plaisir et sera content de vous apporter quelque chose. Demandez-lui une chose simple : « Apporte-moi le livre » ou « Prends la tasse » et montrez l'objet en même temps pour l'aider à comprendre.

Fais-moi un bisou Votre bébé est capable de comprendre et d'obéir à des ordres simples. Mais demandez-lui toujours une seule chose à la fois, par exemple : « Fais-moi un bisou » ou : « S'il te plaît, bois ton lait. » Il ne comprendra pas des consignes plus compliquées.

MÉMO

À 10 mois, votre bébé est habitué aux intonations et il est capable de comprendre un mot prononcé sur un ton différent ou par une personne qu'il connaît moins bien que vous.

Je t'aide Il comprendra très vite ce que vous lui demandez quand vous faites quelque chose ensemble. Donnez-lui des consignes claires, comme : « Mets le jouet dans le panier » et joignez le geste à la parole pour lui montrer ce qu'il doit faire. Il pourra ainsi à la fois obéir et suivre votre exemple.

Développement intellectuel

Dehors, dedans

Votre bébé apprend à distinguer les positions des gens et des objets – dedans, dehors, derrière, dessus ou dessous. Cela lui permet de donner un sens à ce qui se passe quand il encastre, pousse, pose en équilibre ou cache un jouet.

Comment et pourquoi le stimuler

Donnez-lui des jeux, des livres et des jouets qui lui donneront l'occasion de mettre des choses dedans, dehors, dessous ou dessus.

★ Il découvre la notion de position. Il se construit une représentation mentale du monde, notamment de la façon dont les objets sont liés les uns aux autres.

★ Il met un nom sur les concepts qu'il est en train d'assimiler. Ces mots leur servent en quelque sorte d'« étiquettes ».

★ Il découvre les règles qui régissent les comportements des objets - comment ils tiennent en équilibre, se renversent et se déplacent.

★ Il assimile le concept de permanence de l'objet. Les boîtes à formes et les jeux de cache-cache sont des activités intéressantes pour lui faire comprendre que les choses continuent d'exister même quand il ne peut plus les voir ou les entendre.

MÉMO

À 10 mois, la dextérité de votre bébé et son niveau de compréhension sont tels qu'il commence à explorer davantage avec ses mains qu'avec sa bouche ; à 12 mois, il porte rarement les objets à sa bouche.

Disparu ! C'est par le jeu qu'il découvre les notions de dedans et de dehors. Il commence à apprécier les boîtes à formes. Il adore regarder les choses disparaître, puis réapparaître quand il les ressort de la boîte.

Vide/plein Quand votre bébé vide ou remplit sa caisse de jouets ou verse de l'eau avec un récipient, aidez-le à mémoriser les concepts qu'il est en train de découvrir en disant : « L'arrosoir est vide » ou : « La caisse est pleine. »

Dessus/dessous Laissez votre bébé essayer diverses positions quand il joue. Rampez tous les deux sous la table (attention à sa tête) ou derrière le canapé, en lui expliquant à chaque fois dans quelle position vous vous trouvez.

Lecture Demandez-vous avec lui ce qu'il peut bien y avoir sous la languette, quand vous lisez un livre animé. Choisissez un livre qui vous permette de le familiariser avec les notions de dessous, dessus, dedans et dehors.

Encastrer Votre bébé adore vous aider à mettre les lettres dans la boîte, à enfoncer le bouton d'une sonnette ou à mettre des pinces à linge dans un sac. Ces gestes de la vie quotidienne sont autant d'occasions pour lui d'apprendre.

Explorateur en herbe Votre bébé se déplace et il peut se placer dans différentes positions en se mettant, par exemple, dans un carton qui lui sert de maison, ou en se glissant sous la table. Surveillez-le bien pour éviter tout accident.

Des jouets pour chaque âge

Le jeu doit d'abord et avant tout être un divertissement pour votre enfant, mais vous pouvez aussi en profiter pour le stimuler et l'aider à faire des apprentissages par le biais des jouets que vous lui proposez.

Des jouets adaptés Choisissez des jouets qui correspondent à l'âge de votre bébé – la plupart du temps, la tranche d'âge correspondant au jouet figure sur l'emballage. Tenez également compte du niveau de développement de votre bébé, qui n'est pas forcément celui du petit voisin. Par conséquent, choisissez des jouets correspondant à sa mobilité, à sa dextérité et à son niveau de compréhension.

Un peu de difficulté Donnez-lui des jouets qui l'obligent à faire quelques efforts. Si le jouet est trop facile à faire fonctionner, il va vite s'ennuyer. En revanche, si c'est trop difficile, il risque d'être frustré. Pour que votre bébé tire le maximum d'un jouet ou d'une activité en termes de divertissement et d'apprentissage, il faut qu'il ait à réfléchir un peu.

Des jouets qui grandissent avec lui Choisissez des jouets qu'il pourra utiliser à différents niveaux de difficultés. Les « faux » aliments peuvent d'abord servir pour des jeux de tri, puis pour des jeux d'imagination – pour jouer à la marchande, par exemple.

Essais Essayez de trouver ce qui intéresse votre bébé en empruntant des jouets à la ludothèque de votre quartier avant de les acheter.

Développement intellectuel

Différentes textures

Quand votre bébé touche, caresse ou observe différentes textures et différentes surfaces, ses sens sont en éveil. Incitez-le à explorer des choses souples, dures, rugueuses ou lisses, et nommez à chaque fois la texture pour l'aider à mémoriser le nom correspondant.

Comment et pourquoi le stimuler

Montrez-lui du doigt différentes textures et incitez-le à explorer les objets par le toucher.

★ Il nourrit ses sens et son cerveau. C'est grâce aux informations reçues par le biais de tous ses sens qu'il peut comprendre ce qu'il voit et ce qu'il touche.

★ Il crée des catégories. Le cerveau de votre bébé est prêt à organiser et à trier les informations. Dans les mois qui viennent, il va comprendre que ses peluches peuvent être mises dans la catégorie « choses douces » et que ses cubes vont dans la catégorie « choses dures ».

★ Il comprend les notions d'« identique » et de « différent ». En regardant et en palpant différentes textures, il apprend à faire des comparaisons et à trouver des similitudes.

★ Il enrichit son vocabulaire grâce aux nombreuses descriptions que vous faites.

Tout doux Guidez sa main quand il caresse le poil doux de ses peluches ou se colle une écharpe en laine contre la joue. Tout ce qui a la texture d'une peluche est agréable, voire réconfortant pour lui.

Comparaisons Une surface se distingue d'une autre à la fois par l'aspect et par le toucher. Donnez-lui l'occasion de regarder et toucher des jouets de textures et formes différentes et décrivez-les à chaque fois.

Dur dur... Les cubes, les briques et les jouets en plastique dur lui permettent de bien sentir ce qu'est une arête et ce qu'est un objet dur. Il découvre ces propriétés en les soupesant dans ses mains et en les explorant par le toucher.

MÉMO

Le toucher est indispensable à votre bébé pour comprendre le monde. Désormais, même s'il ne peut pas voir un objet, le fait de le toucher l'aide à se le représenter mentalement, ce qui lui permet de l'identifier.

Doux, lisse, rugueux Certains livres interactifs font découvrir en même temps au bébé les textures et les mots auxquels elles correspondent. Il doit, par exemple, toucher des cercles de textures différentes – les écailles d'un crocodile, le ventre tout doux d'un poussin ou un miroir lisse et brillant – au fur et à mesure que l'histoire se déroule.

Un cerveau en plein développement

Le cerveau du bébé, surtout son cortex, se développe plus vite qu'il ne le fera jamais au cours de sa vie.

Synapses Ce sont les informations transmises par les sens du bébé qui créent et enrichissent les synapses de son cerveau. Tout ce qu'il voit, entend, goûte, sent ou touche l'aide à former des connexions neuronales et à construire une représentation mentale de son environnement.

Répétition Votre bébé apprend vite les choses qu'il répète souvent, car la répétition renforce les connexions entre ses neurones. À l'inverse, les synapses rarement utilisées finissent par disparaître.

Nouveaux concepts Vers 12 mois, les représentations mentales et les informations collectées par le cerveau du bébé lui permettent de comprendre certains grands concepts. Celui de la permanence de l'objet est bien acquis (voir p. 105), il a déjà commencé à comprendre celui de la relation de cause à effet, des relations entre les objets (dedans, sur, dessous…) et à utiliser son imagination.

Un développement qui dure plusieurs années Quand il atteindra l'âge de 5 ans, le développement de son cerveau sera achevé à 90 %. Toute cette activité n'entraîne pas une augmentation de ses neurones (il en possède plus de 100 milliards) mais crée des connexions entre eux (les synapses), grâce auxquelles les informations peuvent être transmises et les apprentissages avoir lieu.

12-18 mois

VOTRE BÉBÉ DEVIENT AUTONOME

En l'espace d'un an, votre bébé est passé du statut de nourrisson dépendant à celui de jeune enfant débordant d'énergie et de curiosité. Ses progrès dans différents domaines – marche, langage, dextérité – contribuent à l'élargissement de son univers.

SOCIALISATION

Au cours de l'année qui vient, l'environnement social de votre bébé va se modifier de façon subtile : il va progressivement se désintéresser des jeux solitaires et commencer à jouer aux côtés d'autres enfants. Ce stade dit de « jeu parallèle » se caractérise par l'absence d'interaction directe. La notion de partage lui est encore étrangère. Il reste très centré sur lui-même et ne ressent pas le besoin de partager avec les autres. C'est la raison pour laquelle on doit étroitement surveiller les enfants de cet âge lorsqu'ils jouent « ensemble ».
L'alternance est aussi un concept relativement nouveau pour lui. Même s'il sait déjà ce que signifie attendre son tour quand il communique et écoute, il n'est pas prêt à appliquer cette règle quand il joue avec d'autres enfants.
La conscience qu'il a de vos sentiments continue à se développer. Vers 18 mois, il vous observe pour voir si vous approuvez ce qu'il fait et il exprime ses propres sentiments de façon plus nette. Il vous imite et a envie de participer aux différentes tâches. Cette envie s'associe à une volonté d'indépendance. Il vous fait comprendre qu'il veut essayer de faire certaines choses seul, comme ouvrir la porte ou manger. Il est important que vous le laissiez faire pour lui donner confiance en lui et lui permettre d'apprendre.

MOTRICITÉ

Vers l'âge de 12 à 15 mois, votre bébé va faire ses premiers pas. Comme la marche à quatre pattes, la marche, l'escalade et la course impliquent la coordination des mouvements. Dès qu'il saura bien marcher, vous pourrez l'emmener au jardin public pour qu'il découvre les plaisirs du toboggan et des autres jeux à sa portée.
Tous les enfants ne se développent pas au même rythme et même si la plupart acquièrent les compétences dans un ordre quasiment identique, quelques-uns sautent des étapes : ils se déplacent, par exemple, en glissant sur les fesses au lieu de marcher à quatre pattes. Vous serez tentée de comparer les progrès de votre bébé avec ceux des enfants de son âge. Cela peut être utile si vous craignez qu'il soit en retard, mais même en cas de développement physique normal, on peut observer des différences d'un enfant à l'autre. Par conséquent, sauf s'il ne marche pas du tout à 18 mois, il n'y a *a priori* aucune raison de vous inquiéter s'il ne fait pas la même chose que son camarade de jeux.

Empiler L'empilage de cubes en bois ou de formes permet à votre bébé d'exercer plusieurs compétences. Pour y parvenir, il doit en effet mettre en œuvre réflexion, équilibre et dextérité.

Dessiner Devenu plus habile pour manipuler les objets, il aura envie de se servir d'un pinceau ou d'un crayon de cire. Donnez-lui du papier et de la peinture ou des crayons de couleurs vives pour qu'il s'en donne à cœur joie.

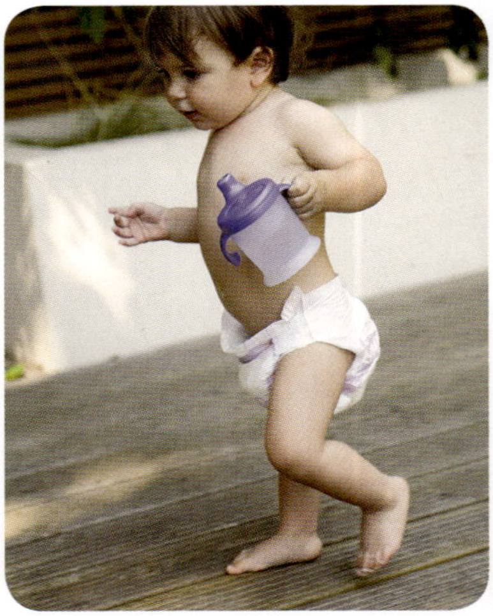

Debout Il tient enfin seul sur des pieds et il fait ses premiers pas en vacillant. Il doit apprendre à la fois à se propulser vers l'avant et à garder l'équilibre, deux compétences qu'il affinera dans les mois à venir.

PRÉHENSION
Votre tout-petit continue à consolider ses compétences manuelles. Sa coordination main-œil s'améliore sans cesse, ce qui lui permet de jouer avec des jouets plus compliqués mais aussi de commencer à maîtriser la tenue d'un crayon ou d'un pinceau.

C'est le moment idéal pour débuter les loisirs créatifs et le laisser jouer avec de la peinture, de la pâte à modeler, des crayons de cire ou de la craie, même s'il fait des saletés.
Vous allez peut-être commencer à vous demander s'il est droitier ou gaucher. Vers 18 mois, vous devriez remarquer une préférence.

Expériences nouvelles Sa curiosité vis-à-vis de son environnement augmentant, il va adorer découvrir des choses nouvelles avec ses oreilles ou avec ses yeux. Tripoter une guitare le fascine et il est ravi des effets que ses gestes produisent.

COMMUNICATION
Le vocabulaire de votre bébé s'enrichit très vite : à 18 mois, il dispose d'une vingtaine de mots, mais il en comprend bien davantage. Il commence aussi à associer deux mots pour faire ses premières phrases.
Il s'affirme de plus en plus, et vous avez de grandes chances de découvrir que son mot préféré est « non » et qu'il l'utilise à bon escient ! À 18 mois, il est capable de lire les expressions de votre visage et, si vous pleurez ou riez, de faire la même chose.

DÉVELOPPEMENT INTELLECTUEL
Sa maîtrise de concepts tels que la relation de cause à effet s'affinant, il commence à s'intéresser à la manière dont les choses fonctionnent – par exemple à la manière dont les différents éléments des rails de son train s'encastrent. Il joue à des jeux d'imagination et manifeste de l'intérêt pour les jeux de rôles. Il mémorise de mieux en mieux et il stocke plus d'informations dans sa mémoire à long terme. Il est ainsi capable de trouver les objets rangés toujours au même endroit, et il connaît parfaitement l'emplacement des choses dans sa maison.

Côte à côte Son environnement social s'élargit. Il commence à apprécier de jouer avec ses « camarades de jeu » habituels. Même si les contacts sont limités, chacun sera content de se concentrer sur son jeu, à côté de l'autre.

Socialisation

Il vous imite

Pour votre bébé, vous êtes LE modèle à suivre. Il cherche donc à imiter ce que vous dites et ce que vous faites. Motivé par son désir d'être comme vous, il passe son temps à observer et à reproduire votre façon d'être avec les autres, votre manière d'effectuer différentes tâches et de vous amuser.

Comment et pourquoi le stimuler

Donnez-lui l'occasion de vous imiter et de mimer des scènes familières.

★ Il découvre la façon dont les gens se comportent les uns vis-à-vis des autres en observant comment vous êtes avec autrui.

★ Il teste ses compétences sociales. Grâce aux jeux d'imagination, il s'entraîne à jouer un rôle et à interagir.

★ Il se sent proche de vous. En vous imitant, il maintient le lien avec vous.

★ Il s'entraîne à adopter de nouveaux comportements. Observer, puis imiter est un excellent moyen pour lui d'apprendre.

Je t'aide Votre tout-petit a envie de participer et il adore l'atmosphère qui règne dans la cuisine. Faites-lui touiller la pâte avant de la mettre dans le moule ou écraser quelques pommes de terre avec une fourchette.

Photo Il sera fier de pouvoir prendre des photos comme vous. Guidez-le pour qu'il appuie sur le bon bouton et prenez la pose. Regardez ensuite les photos et commentez-les pour prolonger l'expérience.

Jeux de rôles Proposez-lui des jouets qui lui permettront de vous imiter et d'exercer ses compétences sociales. Donnez-lui, par exemple, un faux téléphone pour qu'il puisse « bavarder » ou une poussette pour promener son ours.

Main verte Votre enfant peut aussi vous aider dans le jardin. Donnez-lui un petit seau et une pelle pour qu'il creuse à côté de vous, ou demandez-lui de vous aider à arroser les plantes ou à passer l'éponge sur la voiture.

MÉMO

Les premières années sont cruciales en termes d'apprentissages. C'est sans doute la période de la vie où l'on apprend le plus.

Le ménage, c'est amusant Transformez les tâches ménagères en jeu. Mettez un CD de musique ou de comptines et chantez tout en faisant le ménage. Donnez-lui un chiffon ou un balai pour qu'il vous accompagne, ou bien répartissez-vous les tâches.

Un bon modèle

Votre enfant observe le moindre de vos mouvements et imite votre comportement, votre façon de parler et votre façon d'être avec les autres. Lui servir de modèle est une lourde responsabilité, mais c'est aussi une excellente occasion de lui transmettre les bonnes manières.

Compétences sociales Si vous faites preuve de chaleur et de respect vis-à-vis des autres, votre enfant vous imitera. Si vous dites systématiquement « s'il te plaît » et « merci », il a plus de chances de le dire lui aussi quand il sera confronté aux autres.

Différenciation des sexes Votre tout-petit est capable de faire la différence entre un homme et une femme. Il observe attentivement le comportement de l'un et de l'autre. Votre façon d'agir et le rôle que vous tenez à la maison vont influencer sa façon de considérer leurs responsabilités respectives.

Langage Face aux mots, votre tout-petit est une véritable éponge, et il va retenir les expressions et les phrases que vous prononcez souvent. Quoi que vous disiez, réfléchissez à l'effet que cela produira sortant de sa bouche dans les mois qui viennent.

Centres d'intérêt L'intérêt que vous manifestez pour les activités de plein air, sportives ou culturelles (comme le cinéma et le théâtre) en les partageant avec toute la famille vont influer sur ses goûts futurs.

Socialisation

Jouer côte à côte

Votre enfant est fasciné par ses pairs, mais pas encore prêt à se joindre à eux. Laissez-le jouer à côté d'eux : c'est ce qu'on appelle « le jeu parallèle ». Laissez chacun avec ses cubes, sa peinture ou sa pâte à modeler. Mais surveillez-les tout de même, car il peut y avoir des problèmes de partage.

Comment et pourquoi le stimuler

Emmenez-le dans des endroits où il rencontrera d'autres enfants et incitez-le à jouer à côté d'eux.

★ Il s'habitue aux enfants de son âge. Il acquiert l'assurance qui lui permettra d'aborder des groupes plus importants.

★ Il améliore ses compétences sociales. Chaque contact lui permet de s'exercer à regarder quelqu'un, à lui sourire et à s'adresser à lui par des vocalises.

★ Il prend l'habitude de jouer avec les autres. Jouer côte à côte est le point de départ du jeu social.

Phase d'observation En s'habituant à jouer à côté des autres, il va imiter ce que font les copains – faisant ainsi un pas vers le moment où il partagera leurs jeux. Regardez-le observer, puis imiter des gestes simples, comme creuser dans le sable ou vider un seau.

Il participe Les activités organisées où votre enfant se joint aux autres pour chanter ou mimer une comptine lui donnent le sentiment d'appartenir à un groupe. Emmenez-le de temps en temps à la halte-garderie ou au parc pour qu'il s'habitue à l'agitation et au bruit. Participez éventuellement vous aussi pour qu'il se sente plus à l'aise.

Jeu parallèle Votre tout-petit est disposé à jouer à côté des autres enfants, mais pas avec eux. Organisez des activités communes, mais en leur donnant suffisamment de matériel pour qu'ils puissent jouer côte à côte – train, voitures, zoo… Et surveillez-les bien pour qu'ils ne se disputent pas pour les jouets.

Apprendre à partager

Votre enfant se considère comme le centre du monde, et il va lui falloir un moment pour acquérir la notion de partage.

L'univers du tout-petit Il considère que tout lui appartient, et que ce sont ses propres besoins qui régissent la vie quotidienne de ceux qui l'entourent. Ce stade égocentrique du développement est normal, votre enfant est quasiment incapable de considérer les choses du point de vue des autres. Prendre conscience de cela peut vous aider à comprendre son comportement. Cela explique, par exemple, qu'il soit en colère ou contrarié quand un autre enfant lui prend son jouet, considérant qu'il lui appartient. Pour un adulte, c'est comme si on le poussait pour lui prendre son sac à main ou son portefeuille ou qu'on partait avec sa voiture. Alors, surveillez-le bien : soyez prête à intervenir quand vous voyez qu'il s'apprête à prendre les jouets des autres et agissez avant qu'ils ne cherchent à leur tour à les récupérer.

Comment l'inciter à partager Vous pouvez aider votre enfant à acquérir cette compétence sociale qu'est le partage en le félicitant quand il propose un jouet ou un gâteau à un autre enfant. Mais ne soyez pas impatiente : il ne saura pas vraiment partager avec les autres avant l'âge de 5 ans !

Socialisation

Plus d'indépendance

L'envie d'indépendance apparaît à cette période. Il va refuser avec détermination votre aide pour s'habiller ou manger. Guidez-le pour qu'il s'en sorte seul et laissez-lui le temps de tester de nouvelles compétences. Laissez-le se débrouiller en n'intervenant que quand il le faut.

Comment et pourquoi le stimuler

Laissez-lui du temps et encouragez-le quand il essaie de s'habiller ou de manger tout seul.

★ Vous lui donnez l'occasion de se débrouiller seul. C'est ce qu'il veut, mais il va devoir beaucoup s'entraîner avant de bien maîtriser les tâches compliquées comme se servir d'une cuillère.

★ Il va franchir les étapes l'une après l'autre. Divisez les opérations compliquées en plusieurs tâches plus simples qu'il effectuera plus facilement.

★ En voyant qu'il peut réussir tout seul, il prend confiance en lui et éprouve de la satisfaction.

Et ...

★ Il se rend compte que vous croyez en lui. En le laissant faire, vous lui montrez en effet que vous avez confiance en lui.

Manger ensemble Faites du repas un moment convivial en vous asseyant tous autour de la table. C'est un moyen de lui apprendre les bonnes manières, de lui montrer comment utiliser les couverts et de lui donner l'habitude de partager aussi bien la conversation que le repas.

MÉMO

Même s'il est indispensable de le laisser se débrouiller pour qu'il apprenne, il est nécessaire de lui imposer des limites. Une surveillance s'impose et il doit savoir que certaines choses dangereuses sont interdites.

Je mange tout seul Même s'il fait des saletés, laissez-le essayer de manger seul. Asseyez-vous près de lui et prenez une cuillère pour qu'il puisse vous imiter. Guidez ses mains pour que la cuillère reste droite, sans faire tout à sa place – il veut se débrouiller.

S'entraîner Votre tout-petit utilise les jeux d'imagination pour exercer ses nouvelles compétences. En tenant une cuillère devant la bouche de son ours en peluche ou s'il penche une tasse devant ses lèvres, il joue à la dînette, mais il affine aussi ses gestes.

Pas si simple Pour lui apprendre à s'habiller, enfilez-lui partiellement ses vêtements et laissez-le se débrouiller pour le reste. Si vous lui passez, par exemple, la tête et les bras dans son T-shirt, il peut très bien essayer de le descendre tout seul sur son torse. À chaque fois qu'il réussit à franchir une étape, laissez-lui en faire un peu plus.

Laissez-le essayer

« Tout seul » : c'est la façon que votre bébé a de faire comprendre qu'il a envie d'un peu d'indépendance. Il veut exercer ses nouvelles compétences jusqu'à ce qu'il les maîtrise bien. Son enthousiasme pour les expériences nouvelles sera un atout pour lui dans la vie.

Patience Dans votre vie quotidienne, le laisser manger ou mettre son manteau tout seul va forcément impliquer une perte de temps. Vous serez tentée de prendre le relais, car c'est parfois agaçant. Mais essayez de résister à cette envie : vous ne ferez qu'aggraver les choses et vous devrez vous battre avec lui pour prendre le contrôle de la situation.

Astuces Essayez quelques astuces : prévoyez par exemple un peu plus de temps pour chaque activité, levez-vous tous les deux plus tôt le matin… Au fur et à mesure qu'il gagnera en habileté, il gagnera en rapidité et vous prendrez moins de retard.

Comment l'aider Apprenez-lui à faire tout seul certaines choses importantes, comme s'habiller. Prévoyez des séances d'entraînement à des moments où vous ne serez pas pressés – le week-end, par exemple. Divisez les tâches en petites étapes et aidez-le à les franchir en lui disant éventuellement ce qu'il doit faire et en guidant ses mains s'il en a besoin.

Motricité

Des pas mal assurés

Les mouvements de votre bébé sont maintenant assez coordonnés pour qu'il marche. Il va commencer par écarter les jambes pour être plus stable. Mettez-le sur ses pieds dès que vous le pouvez : il a besoin de s'exercer.

Comment et pourquoi le stimuler

Encouragez-le pour qu'il fasse quelques pas à l'intérieur ou à l'extérieur de la maison.

★ Il va commencer à vraiment marcher. Jusqu'à présent il se redressait en se tenant aux meubles et faisait des pas de côté ; maintenant, il va marcher droit devant lui. À 13 mois, environ la moitié des enfants marchent.

★ C'est en s'exerçant qu'il va travailler à la fois son équilibre et sa coordination.

★ Il va pouvoir se déplacer avec une plus grande liberté et choisir d'aller où il en a envie.

À petits pas Faites-lui de la place pour qu'il puisse se déplacer sans être trop gêné. Poussez un peu les meubles, ou faites en sorte qu'il puisse les contourner : vous l'inciterez ainsi à marcher sans s'y accrocher pour garder son équilibre.

Pas à pas Pour lui donner confiance, mettez-vous derrière lui et tenez-lui les mains, ou devant lui, en lui tendant les mains quand il fait un pas vers vous. Marchez à son rythme, sans tirer sur ses bras.

Pas assuré Quand il aura pris confiance en lui, il pourra mettre son équilibre et sa coordination à l'épreuve en tirant ou en poussant des jouets tout en marchant, en portant des objets et même en accélérant le rythme.

MÉMO

S'il ne marche pas encore à 18 mois, il est préférable de consulter un médecin qui s'assurera qu'il n'y a pas de problème.

Motricité

Question d'équilibre

Maintenant, tout est une question d'équilibre. Il est debout, mais il a encore du mal à se tourner, se pencher et pivoter sans risquer de se retrouver sur les fesses. Stimulez-le avec des activités qui l'incitent à bouger.

Se pencher, se relever Pour l'inciter à effectuer des mouvements compliqués tout en gardant l'équilibre, rien de tel que les sorties en famille. Pour ramasser des feuilles sur le chemin ou des coquillages sur la plage, il devra se pencher, tendre la main et se tourner.

Comment et pourquoi le stimuler

Tous les mouvements qui font travailler son équilibre sont bons pour lui.

★ Il se penche, il pivote, il se tourne. Maintenant qu'il marche, il doit apprendre de nouvelles postures et de nouveaux mouvements, par exemple garder les deux pieds au sol tout en tournant le bassin.

★ Il apprécie chaque mouvement. Dans la mesure où il contrôle de mieux en mieux son corps et son équilibre, il se déplace en confiance.

★ Il apprend à transférer avec assurance son poids d'un pied sur l'autre, ce qui est indispensable pour marcher et courir.

Patauger Les mouvements qu'il fait pour piétiner dans la boue ou éclabousser autour de lui dans sa piscine gonflable - prendre appui sur un pied et coordonner les mouvements de l'autre - lui font travailler son équilibre et l'aident à perfectionner sa marche.

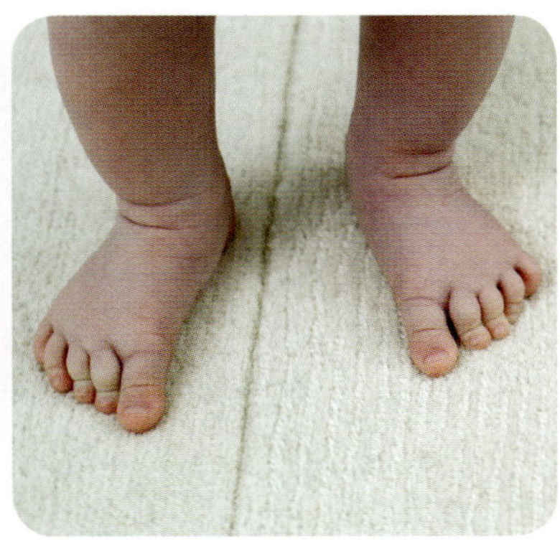

Capteurs Pieds nus, il utilise ses orteils pour s'agripper et fléchir le pied de manière à rester stable, et sa peau envoie des informations à son cerveau. Laissez-le le plus souvent possible sans chaussures, à la maison ou dehors, si la surface est régulière et sans danger.

Motricité

Nouvelles activités

Votre enfant apprend à grimper, à faire du tricycle et de la balançoire. Sa capacité à rétablir son équilibre augmente, mais vous allez devoir passer beaucoup de temps à le surveiller jusqu'à ce qu'il gagne en stabilité !

Comment et pourquoi le stimuler

Donnez-lui régulièrement l'occasion de faire du tricycle, de grimper, de flotter sur l'eau et de faire des bonds.

★ Cela l'oblige à chercher son équilibre. Les zones de son cerveau qui commandent l'équilibre utilisent les informations transmises par chaque mouvement pour améliorer sa stabilité.

★ Il maintient son corps fléchi dans diverses positions et coordonne les mouvements de ses bras et de ses jambes pour garder son équilibre.

★ Il prend de l'assurance. Perdre l'équilibre peut être perturbant. Plus il découvrira de sensations inédites, plus il aura envie de faire de nouveaux essais.

En route Les porteurs et les tricycles apportent de la stabilité à votre enfant quand il doit garder l'équilibre tout en avançant, en reculant ou en s'arrêtant. Il doit aussi coordonner les mouvements de ses bras et de ses jambes.

Expériences variées Plus il s'exercera à faire des mouvements différents, plus il gagnera en équilibre. Sur une aire de jeux, laissez-le grimper, glisser, faire de la balançoire et sauter sur un petit trampoline.

MÉMO

À la piscine, laissez votre enfant avancer à son rythme et mettez l'accent sur le jeu. S'il n'a pas envie de mettre la tête sous l'eau, n'essayez pas de le convaincre, car vous risquez de le dégoûter de l'eau pour un bon moment.

Le plaisir de flotter Le fait qu'il soit porté par l'eau lui permet d'effectuer toutes sortes de mouvements plus facilement. Tirez-le à la surface, faites-le danser sur l'eau et faites-le tourner en rond pour multiplier les sensations.

Motricité

Monter et descendre

Votre enfant meurt d'envie de se lancer à l'assaut des escaliers. Son équilibre et sa coordination lui permettent de le faire. Aidez-le à tester diverses méthodes, de la glissade sur les fesses à la montée marche par marche.

Sur les fesses Rebondir de marche en marche sur les fesses, de face et en se retenant avec les bras derrière lui, est une façon efficace de descendre les escaliers. Au début, il risque de basculer vers l'avant, alors restez près de lui pour le rattraper.

En arrière Monter ou descendre les escaliers sur le ventre ou accroché à la balustrade, face aux marches, est une méthode qui peut lui paraître plus sûre. Restez à côté et vérifiez qu'aucun obstacle n'encombre les marches.

Pas à pas Tenez-lui la main pour le stabiliser et lui permettre de monter ou descendre les marches en rassemblant les deux pieds à chaque marche. Quand il aura pris confiance, il le fera tout seul en se tenant à la rampe.

Comment et pourquoi le stimuler

Ayez confiance en sa capacité à garder son équilibre et encouragez-le à s'exercer à monter et descendre les escaliers.

★ Il se familiarise avec les marches. Être capable de monter ou de descendre un escalier est une compétence motrice essentielle.

★ Il améliore la coordination de ses mouvements. Pour monter et descendre en douceur, il doit faire appel à ses compétences en matière d'équilibre et de synchronisation.

★ Il prend de l'assurance. La distance qui sépare les deux extrémités de l'escalier peut lui sembler considérable. À chaque fois qu'il la franchit, il a la preuve qu'il maîtrise suffisamment la situation pour ne pas tomber.

MÉMO

Les cours de gymnastique pour tout-petits, avec des blocs en mousse et des tapis rembourrés pour amortir les chutes sont un bon moyen d'exercer les compétences nécessaires pour grimper et garder l'équilibre.

Motricité

Une âme d'aventurier

Votre enfant déborde d'énergie et se sent une âme d'aventurier. Il adore explorer son environnement et déambuler. Mettez ses nouvelles capacités motrices à l'épreuve avec des activités qui lui donnent l'occasion d'essayer de nouveaux mouvements et de découvrir ce qu'il est capable de faire.

Comment et pourquoi le stimuler

Donnez-lui l'occasion de jouer en bougeant et en faisant des efforts dans différents environnements.

★ Il étire son corps dans tous les sens sans s'en rendre compte, puisqu'il joue.

★ Plus il est actif, plus il améliore sa force musculaire et sa résistance.

★ Son cerveau enregistre des informations sur le fonctionnement de son corps et la coordination de ses mouvements. Votre tout-petit grandit et la représentation mentale de son corps doit, elle aussi, évoluer. C'est grâce aux perceptions sensorielles que son cerveau « se met à jour ».

Parcours d'obstacles Laissez-le tester ses compétences sur un parcours d'obstacles. Aidez-le à grimper pour traverser un pneu suspendu ou tenez-lui la main quand il marche sur la poutre ou le pont de singe.

En rythme Passez-lui vos chansons favorites ou un CD de comptines, ou bien chantez vous-même, pour l'inciter à danser. Tapez ensemble dans vos mains et regardez-le se balancer et faire toutes sortes de mouvements.

Ver de terre Faites-le passer dans un tunnel de toile ou faites semblant d'être des vers de terre se tortillant. L'angle sera différent selon les cas - marche à quatre pattes, reptation sur le ventre ou le dos.

MÉMO

En lui faisant prendre très tôt l'habitude de se dépenser, vous réduisez les chances de le voir souffrir d'obésité infantile par la suite et vous le faites démarrer sur des bases saines.

Escalade Au jardin public ou sur le portique de votre jardin, faites-lui faire toutes sortes de jeux d'équilibre. Restez près de lui (ou tenez-lui la main) quand il grimpe sur un jeu. Vous pouvez aussi vous contenter d'un simple jeu de cache-cache dans le jardin.

Évaluer les risques

Votre enfant s'enhardit, vous allez souvent être tentée d'intervenir. Mais il est important de le laisser tester de nouvelles activités. Vous devez donc faire la différence entre les situations où vous devez agir et celles où il faut rester en retrait et le laisser faire.

Tâtonnements C'est en s'exerçant que votre tout-petit va faire des progrès pour marcher, escalader, coordonner ses mouvements. Cela implique une certaine prise de risque dans la mesure où il n'est pas encore très sûr de lui. Mais les chutes et les bosses font partie de l'apprentissage !

Intervenir ou pas ? Il est important que ses jeux placent parfois votre enfant en situation de déséquilibre pour qu'il apprenne à se rétablir en utilisant ses bras et ses jambes. Trouver un juste milieu entre lui laisser la possibilité de tester ses nouvelles capacités motrices et assurer sa sécurité n'est pas évident, car le voir vaciller, trébucher ou tomber est un peu angoissant. Parfois, vous jugerez que certains mouvements ou certains endroits sont trop dangereux pour qu'il se dispense de votre aide. Dans ce cas, tenez-lui la main ou la taille, ou restez assez près pour le rattraper s'il tombe.

Surveillance Vous devez le surveiller en permanence pour éviter tout danger et vous assurer que cela reste un plaisir pour lui. Dans la mesure où il a des chances d'aller fouiner un peu partout dans la maison et dans le jardin, vérifiez tous les endroits que vous pensiez jusqu'à présent hors d'atteinte.

Motricité

Bouger en musique

Votre enfant a naturellement le sens du rythme. Il suffit qu'il entende de la musique pour se mettre en mouvement. Partagez son plaisir de bouger au rythme d'une comptine ou d'une chanson. Faites-lui écouter vos chansons préférées et dansez avec lui, histoire de vous amuser et de vous sentir proches.

Comment et pourquoi le stimuler

Chantez et dansez avec lui ou faites des jeux sur de la musique.

★ Il développe sa coordination et se muscle. Le fait de tourner et de pivoter le déséquilibre et le force à utiliser ses muscles pour se rétablir.

★ Il prend l'habitude de faire de l'exercice. La danse est un excellent moyen de bouger.

Et...

★ Il apprend à communiquer. En écoutant différents types de chansons et en bougeant sur leur rythme, il se familiarise aussi avec la « musique » du langage.

★ Il se sent proche de vous. Les mouvements que vous effectuez, le contact tactile entre vous et le fait de danser sur le même rythme renforcent le lien qui vous unit.

Doucement Bouger en rythme ne veut pas forcément dire sauter dans tous les sens. Il peut s'agir de petits mouvements tranquilles sur une berceuse ou une chanson douce. Pendant que vous chantez ou que vous écoutez la chanson, agitez vos mains et balancez-le dans vos bras.

En rythme Dansez en calquant vos mouvements sur le rythme : faites des pas ou des pirouettes rapides sur un tempo rapide et balancez-vous doucement quand il est lent.

Spontané Quand il entend de la musique, il bouge sans même s'en rendre compte. Incitez-le à danser comme il en a envie, puis rejoignez-le et faites les mêmes mouvements.

Jeux en musique Apprenez-lui à danser sur des chansons comme celles du « boogie-woogie » (main droite en avant, main gauche en arrière, main droite en avant, on tourne, on tourne…). Vous ne pourrez plus l'arrêter. Tenez-lui éventuellement la main pour qu'il ne perde pas l'équilibre.

Préhension

Bon appétit !

Votre enfant sait maintenant ce qu'il veut : il tient à manger seul. La précision des mouvements de ses doigts et de ses mains et sa meilleure coordination main-œil lui permettent de tenir une cuillère et un gobelet adaptés à ses petits doigts. Mais la nourriture ne finira pas toujours dans sa bouche !

Comment et pourquoi le stimuler

Laissez-le le plus souvent possible manger tout seul avec une cuillère, essayer différents aliments et boire sans aide avec son gobelet.

★ Il affine sa prise. Il doit en effet l'adapter en fonction de la consistance de ce qu'il mange.

★ À force de refaire les gestes lui permettant de porter sa cuillère ou son gobelet à sa bouche, il gagne en précision.

★ Il gagne en autonomie. Il a envie de se débrouiller tout seul et la réussite lui apporte une grande satisfaction.

Bien visé ! Votre enfant doit plonger sa cuillère dans son assiette et ensuite bien la tenir à l'horizontale pour la porter jusqu'à sa bouche. Pour lui faciliter les choses, commencez par des aliments assez consistants et donnez-lui une cuillère facile à prendre en main.

MÉMO

Maintenant, il sait non seulement tenir les objets correctement, mais il a aussi plus de souplesse au niveau du poignet, ce qui lui permet d'effectuer une rotation et d'orienter sa cuillère, par exemple, avec plus de précision.

Restez zen Il va forcément faire des saletés, soit en manquant sa cible avec sa cuillère, soit en écrasant sa nourriture entre ses doigts ou en la renversant. Essayez de ne pas y accorder trop d'importance ; il est inévitable qu'il se salisse en mangeant seul.

Avec les doigts Le pique-nique – dehors ou sur un tapis dans la maison – est idéal pour l'habituer à manger avec les doigts et à boire dans un gobelet à deux anses. Ses progrès au niveau de la motricité fine lui permettront de « viser » de plus en plus juste.

Les repas en famille

Manger en famille est bon pour tout le monde. Il a été largement démontré que dans les familles où les repas sont pris en commun, les enfants mangent plus sain et plus équilibré, que les bavardages créent un sentiment de cohésion et que la diversité des conversations enrichit leur vocabulaire.

Horaires réguliers Les repas à heures fixes sont importants dans la routine quotidienne de votre enfant. En mangeant avec lui, vous l'aidez à prendre de bonnes habitudes – bien tenir ses couverts, par exemple. Même si vous ne pouvez pas manger ensemble tous les jours, essayez de prendre au moins quelques repas en famille dans la semaine.

Convivialité Résistez à la tentation de faire autre chose quand votre tout-petit est en train de manger. Il adore être en votre compagnie et il se tiendra mieux si vous êtes à côté. Évitez de manger devant la télévision : manger tout seul exige de la concentration.
Les repas sont des moments de convivialité. Favorisez la conversation en supprimant tout ce qui pourrait le distraire (musique, par exemple), de manière à ce qu'il puisse exercer ses compétences – écouter et répondre aux autres.

Autour d'une table Prenez si possible vos repas assis à table. Être assis bien droit favorise la digestion et, pour votre enfant, cela facilite la manipulation de son gobelet et de sa cuillère. Installez sa chaise haute devant la table pour qu'il soit à côté de vous.

Préhension

Des gestes plus précis

Votre enfant est de plus en plus habile pour ramasser, examiner et retourner les petits objets. Le sentiment de satisfaction qui en découle l'encourage à manifester son indépendance et à explorer encore davantage.

Comment et pourquoi le stimuler

Proposez-lui des objets et des jouets exigeant des gestes très précis.

★ Il améliore sa motricité fine. Il a encore besoin de s'exercer à déplacer et à tenir des objets avec la pince que forment le pouce et l'index.

★ À force de s'entraîner, ses gestes sont de plus en plus précis et ses mouvements plus fluides.

★ Il fait plus de choses tout seul. Il peut maintenant saisir, retourner et faire pivoter les objets avec le pouce et l'index ; il sait ouvrir les portes, sortir ses jouets et manger presque seul.

★ Il joue de façon plus complexe, car il est à la fois plus habile et plus imaginatif.

Ramasser, poser Votre tout-petit sait faire des gestes très précis avec ses mains. Vous pouvez lui donner des jouets avec des pièces détachables plus petites (mais adaptées à son âge), ou le laisser transvaser des petits jouets d'un récipient à un autre, sous surveillance.

Nouvelles activités Maintenant qu'il contrôle la fermeté de sa prise, il peut tourner les pages de ses livres une par une, glisser des « lettres » (rectangles de carton) dans une « boîte à lettres » maison, ou manipuler des faux billets de banque quand il joue à la marchande.

MÉMO

Toutes les capacités de votre tout-petit lui permettent d'accroître ses compétences. Le fait qu'il se concentre mieux lui permet, par exemple, de focaliser son attention sur des mouvements de la main de plus en plus compliqués.

Faire pivoter, retourner Sa coordination des mouvements du poignet et des doigts est assez bonne pour des jeux comportant des boutons à tourner et des éléments à déplacer et à contrôler. C'est le moment de lui offrir un établi, une table d'éveil musical ou un volant.

Les jouets pour les tout-petits

Votre enfant progresse très vite. Faites en sorte que ses jouets correspondent toujours à ses capacités.

Des jeux compliqués, mais pas trop Proposez-lui des activités nouvelles, avec lesquelles il aura un peu plus de mal, mais laissez-lui ses jeux préférés qui ne lui posent aucune difficulté ; il pourra se rabattre dessus s'il est frustré de ne pas arriver à faire quelque chose. Prévoyez toujours quelques jeux nouveaux pour maintenir son intérêt, car il risque de se lasser assez vite.

Un bon équilibre Essayez de choisir des jouets qui lui permettent de diversifier ses jeux et qui le stimulent dans différents domaines. Prévoyez des jouets qui exigent une participation active et améliorent sa motricité – tricycle, porteurs et ballons à lancer et à faire rouler. Pour le divertir et l'aider à développer sa motricité fine et sa coordination, pensez aussi aux jeux d'empilement, d'encastrement, de tri et de construction.

Pour la réflexion Pour l'inciter à réfléchir et pour développer son imagination, pensez aux puzzles, aux marionnettes, aux encastrements, à la cuisine d'enfant et aux circuits de voiture. Il existe aussi toutes sortes de jouets pour développer le langage. Regardez aussi du côté des livres interactifs à partager, des tapis et des instruments pour faire de la musique et des téléphones pour faire semblant.

Jeux de société Pour améliorer ses compétences sociales, participez aussi. Prenez le thé avec ses peluches et bavardez avec lui en jouant. Laissez-le aussi prendre la direction des opérations.

Préhension

Le plaisir de se salir

Le toucher a une grande importance pour votre enfant. À chaque fois qu'il peut jouer à se salir, il en profite pleinement. Quel que soit le matériau qu'il a à sa disposition, il cherche à utiliser le bout de ses doigts, ses paumes et ses mains entières pour creuser, manipuler et réaliser quelque chose.

Comment et pourquoi le stimuler

Laissez-le plonger ses mains dans des matériaux salissants.

★ Il se sert de ses mains avec précision. Il découvre comment utiliser la boue, par exemple, pour faire des tas et sculpter des formes.

★ Il expérimente des sensations tactiles. En écrasant, en serrant, en touillant, en étirant ou en comprimant les choses, il découvre différentes matières et la manière dont elles réagissent quand il les touche.

★ Ses sens sont stimulés. Il ne fait pas que se salir ; il découvre aussi diverses textures et consistances.

★ Il joue en toute liberté. Dans la mesure où vous l'y autorisez, il peut se laisser entièrement absorber par son jeu sans craindre votre réaction.

MÉMO

Les jeux salissants constituent une occupation idéale quand il faut distraire des enfants d'âges différents : chacun peut utiliser le même matériau à sa façon en fonction de sa dextérité.

1 **Pour faire de la pâte à sel, préparez les ingrédients suivants :** un verre de sel, un verre d'eau et deux verres de farine. Versez le sel et la farine dans un grand saladier et mélangez-les.

2 **Ajoutez l'eau petit à petit dans le mélange.** Mélangez avec une cuillère au fur et à mesure que vous versez l'eau, jusqu'à ce que la préparation commence à avoir la consistance d'une pâte. Ajoutez éventuellement un peu d'eau.

3 **Faites une boule de pâte,** sortez-la du saladier et mettez-la sur une surface dure. Malaxez-la avec les doigts. Donnez ensuite une petite boule de pâte à votre enfant pour qu'il puisse l'écraser et la malaxer lui aussi.

4 **Étalez la pâte.** Demandez-lui de vous aider avec un minirouleau à pâtisserie. Aidez-le à découper des formes avec un gobelet ou des emporte-pièces. Gardez un peu de pâte pour qu'il puisse modeler ce qu'il veut.

Bouillasse Sentir la terre ou la boue entre ses doigts est un vrai plaisir. Laissez-le fabriquer un gâteau, creuser avec vous dans le jardin ou utiliser son petit arrosoir pour créer une petite mare dans laquelle il pourra patouiller à sa guise.

Préhension

Gribouillis et empreintes

Donnez à votre enfant de la peinture, des crayons ou des craies pour exprimer sa créativité et exercer sa motricité fine. Il a encore du mal à tenir un pinceau ou un crayon et à tracer des traits, mais la satisfaction qu'il éprouve à faire ses premiers gribouillis est une belle récompense de ses efforts.

Comment et pourquoi le stimuler

Laissez-le expérimenter toutes sortes de moyens d'expression artistique.

★ Il affine le contrôle de ses mains et de ses doigts. Une bonne motricité fine est indispensable pour faire un trait à la peinture, à la craie ou au crayon.

★ Dans la mesure où il doit utiliser à la fois ses bras et ses mains pour approcher le crayon du papier, il coordonne des mouvements amples et des mouvements plus précis.

★ Il découvre différentes textures. En mettant les mains dans différents matériaux – peinture, boue ou sable -, il apprend à les manipuler.

Et ...

★ Il développe sa créativité. Avec sa première œuvre, il commence à s'exprimer et à prendre du plaisir à travers une activité artistique.

Peinture au doigt C'est une façon d'explorer avec ses mains tout en profitant du plaisir de se salir. Donnez-lui deux ou trois couleurs et laissez-le tremper ses doigts dans la peinture et les essuyer sur une feuille de papier épais ou poser l'empreinte de ses mains sur un morceau de papier peint.

Techniques variées Pour améliorer sa préhension, donnez-lui un gros pinceau ou une éponge humides, installez-le dehors et laissez-le tracer de grandes traînées d'eau sur une terrasse ou sur un mur. Il peut aussi faire des empreintes en appuyant fort dans la terre ou le sable avec un pavé ou une pierre.

La bonne position Dès qu'il tiendra bien sur ses pieds, votre tout-petit aura moins de mal à dessiner debout sur un tableau blanc ou sur un chevalet plutôt qu'assis à une table. Il pourra faire tous les gribouillis qu'il veut avec des feutres ou des gros pinceaux.

Je dessine Pour ses premières tentatives, les craies et les gros crayons de cire sont plus faciles à manipuler. Aidez-le à refermer son poing autour pour bien le tenir et faites-le gribouiller sur du papier ou sur un tableau noir. Surveillez-le attentivement pour éviter qu'il dessine n'importe où.

Éternel recommencement Votre enfant prend autant de plaisir à effacer ce qu'il vient de dessiner qu'à faire le dessin. Pour lui faciliter la tâche, donnez-lui un chiffon ou une éponge humides. Dès qu'il aura terminé, il recommencera un nouveau dessin.

Droitier ou gaucher ?

La première année, il n'est pas évident de déterminer si un enfant utilise plus volontiers la main droite ou la gauche.

Préférence marquée Quand il commence à vouloir attraper quelque chose, le bébé se sert de la main la plus proche de l'objet qu'il cherche à saisir. Il ne pivote pas pour utiliser plutôt une main qu'une autre. Néanmoins, vers 18 mois, vous allez peut-être voir une préférence émerger. À 3 ans, son choix sera clair.

Un choix instinctif On ne sait pas dans quelle mesure les parents peuvent influencer leur bébé dans ce domaine. D'une façon générale, il semble préférable de le laisser suivre son instinct. Si vous êtes vous-même droitière, il y a de grandes chances pour que votre enfant le soit aussi. Si vous et/ou votre mari êtes gauchers, il a une chance sur deux de l'être aussi.

MÉMO

La créativité étant quelque chose de subjectif, ne soyez pas avare de compliments face aux œuvres de votre enfant, quelle que soit votre appréciation. C'est le meilleur moyen pour lui donner confiance en lui et l'inciter à continuer.

Communication

Le langage des signes

Votre tout-petit maîtrise maintenant parfaitement l'art de communiquer avec les mains. Il sait faire passer un message et faire comprendre ce qu'il veut. Son index est un excellent outil pour indiquer ce qu'il veut ou vous montrer quelque chose. Il a très envie de développer ce mode de communication.

Comment et pourquoi le stimuler

N'hésitez pas à communiquer et à répondre par gestes à votre tout-petit.

★ Il apprend à appuyer son message. Les gestes complètent, en effet, les informations données par les sons et les mots qu'il prononce.

★ Il comprend que les gestes ont un sens. En observant et en imitant les mouvements de votre main et de votre corps, il découvre leur signification.

★ Il interagit avec vous. Envoyer et recevoir un message à travers des gestes, c'est créer l'échange à la base de toute forme de communication.

Pointer du doigt et nommer Pour donner du sens aux gestes, incitez-le à montrer du doigt dans ses livres les choses que vous nommez, ou à vous indiquer avec l'index l'endroit où se trouvent les objets que vous lui demandez de vous montrer.

MÉMO

Des études démontrent que le fait de voir le visage de sa mère quand elle parle et de limiter les bruits de fond dans la maison (en baissant le son de la télévision ou de la radio, par exemple) aide l'enfant à acquérir le langage.

Taper dans les mains Il existe toutes sortes de comptines qui s'accompagnent de différents gestes. Elles permettent à l'enfant d'apprendre par le jeu que les signes de la main et les gestes sont un moyen de faire passer un message.

Bonjour Incitez-le à vous imiter quand vous faites signe de la main pour dire au revoir aux gens en les quittant ou bonjour pour les accueillir. Adressez-vous à ses peluches comme à des personnes et dites-leur « au revoir » avec un geste de la main.

Question-réponse Apprenez-lui à utiliser différents gestes pour accompagner son discours. Agitez le doigt d'un côté à l'autre pour dire « non » et levez la main, paume vers l'extérieur, pour dire « stop ». Il ne mettra pas longtemps à comprendre et à vous imiter.

Comment le langage vient aux enfants

Vers l'âge de 12 mois, vous aurez la joie d'entendre votre enfant dire « mama » ou « papa », et ses babillages vont progressivement se transformer en mots significatifs.

Son vocabulaire s'enrichit À 18 mois, votre tout-petit utilise entre six et vingt mots, voire plus, et son vocabulaire s'enrichit très vite. La plupart des mots désignent des personnes ou des choses, comme « lait » et « papa ». Une minorité désigne une action, comme « parti ». Il associe éventuellement deux mots pour faire des phrases simples, par exemple « maman partie », et il fait des gestes en parlant pour renforcer ou accentuer son message. Ses gestes deviennent aussi plus complexes et il sait utiliser le regard pour attirer votre attention vers ce qu'il veut.
Au fur et à mesure qu'il affirme son indépendance, son mot préféré devient « non ». Il lui arrive aussi de tenir des petites conversations avec lui-même, en reproduisant l'alternance du discours à l'aide de sons et de mots.

Il comprend de mieux en mieux
À ce stade, votre tout-petit comprend beaucoup plus de mots qu'il n'est capable d'en dire. Il obéit à des consignes simples, comme « non » ou « bois ton lait », et il est capable de pointer son ventre de l'index si vous lui demandez : « Où est ton ventre ? »

Communication

En rythme

Votre tout-petit fait de la musique juste pour le plaisir. Participez, et ce sera pour tous les deux une expérience formidable. Rien de tel qu'un rythme, une comptine et des mouvements pour apprendre. Alors pensez-y pour ses activités quotidiennes de jeu.

Comment et pourquoi le stimuler

Donnez-lui des instruments pour faire de la musique et chantez ou récitez avec lui des comptines et des chansons.

★ Il apprend la structure du langage. Les comptines reflètent le rythme des phrases et de la conversation, ce qui l'aide à apprendre à parler.

★ Il s'exprime. Les sons, les mouvements de danse et les gestes lui permettent de communiquer avec vous sans utiliser de mots.

★ Il vous imite. Il est en train de découvrir comment former les sons et les mots en observant votre bouche et votre langue quand vous parlez. Mettez-vous bien en face de lui quand vous chantez une chanson ou une comptine pour qu'il puisse vous regarder et apprendre.

Et…

★ Il anticipe. Il connaît bien les chansons et les comptines habituelles et il est tout excité à l'idée que vous allez chanter pour lui.

De la musique et du bruit Avec divers instruments – shakers faits maison, tambours, maracas… – vous allez faire de la musique tous les deux. Essayez différents sons, mettez un nom sur les bruits (doux ou fort) et nommez les instruments que vous utilisez.

Musique et émotions Tapez sur des casseroles et des poêles, avec des cuillères en bois comme baguettes. Jouez doucement en montrant un visage triste, puis rapidement en prenant un air joyeux. C'est une façon de lui montrer que la musique permet de transmettre des émotions.

Guitariste en herbe Votre tout-petit va adorer caresser ou pincer les cordes d'une guitare d'enfant pour produire toutes sortes de sons. Cette activité lui permet de combiner son goût pour la musique et sa capacité à coordonner les mouvements de sa main.

Comptines et répétition Les comptines offrent de nombreuses occasions de communiquer. Chantez-lui ses préférées (« Meunier, tu dors », « Pomme de reinette et pomme d'api »...) autant qu'il le souhaite. Il suivra les paroles et anticipera chaque geste.

Les effets de la musique sur le développement

Il ne fait aucun doute que les bébés et les tout-petits aiment écouter de la musique et des chansons et danser en rythme. Outre son aspect divertissant, la musique a des effets positifs sur le développement de l'enfant, dans la mesure où elle lui permet de communiquer avec les autres et de s'exprimer.

Mots et rythmes Les chansons et les comptines enrichissent son vocabulaire, lui apprennent la structure du langage, lui donnent l'habitude d'attendre en écoutant.

États d'âme Écouter des chansons et de la musique a une influence évidente sur son humeur et ses réactions. Quand il était bébé, il s'endormait au son des berceuses que vous lui chantiez ou que vous lui fredonniez. Aujourd'hui, il lui faut une musique douce et lente pour se calmer et une musique très rythmée ou un chant de marche pour lui donner de l'énergie.

Communication La musique et le chant ont une composante sociale. En partageant une comptine, une danse ou un jeu musical avec vous ou avec d'autres enfants, votre tout-petit se socialise.

Effets bénéfiques On ne sait pas vraiment si la musique influe sur le développement intellectuel du tout-petit, car aucune étude ne porte sur cette tranche d'âge. En revanche, les effets bénéfiques de la musique sur le développement des enfants de 3 ans et plus sont mieux connus. D'après certains chercheurs, les enfants qui en écoutent régulièrement ont de meilleures compétences mathématiques et une meilleure perception de l'espace et des dimensions.

Plaisir musical Ce qui motive votre tout-petit, c'est le simple plaisir de faire de la musique. Donnez-lui plusieurs instruments, il fera son choix.

Développement intellectuel

Comment ça marche ?

Votre tout-petit teste tout pour savoir comment les choses s'emboîtent, tombent ou tiennent en équilibre. Pour cela, il a besoin de répéter sans cesse les mêmes gestes. Laissez-le faire, même si cela vous agace.

Comment et pourquoi le stimuler

Laissez-le découvrir comment les choses fonctionnent.

★ Il apprend à les mettre dans différentes catégories. Il les regroupe en fonction de la façon dont elles marchent et en déduit qu'il existe différents types d'objets.

★ Il comprend l'idée de représentation. Il réalise que ses jouets sont la représentation en version miniature d'objets réels.

★ En testant les notions de taille, de gravité et d'équilibre, entre autres, il se donne les moyens de comprendre comment les objets fonctionnent.

Encastrements Il commence à comprendre que certains objets sont plus gros que d'autres. Proposez-lui des puzzles avec des pièces munies de poignées ou des cubes gigognes pour l'aider à découvrir comment les choses s'encastrent.

Relation de cause à effet Il adore que ses actions soient suivies d'effets. Donnez-lui des jouets qui sautent ou des tableaux d'activité dont les éléments réagissent à ses gestes (boîtes qui s'ouvrent, lumières qui s'allument...).

Assembler Il commence à trier les objets. Aidez-le à trier ses jouets, par exemple ses voitures ou ses animaux, ou à assembler des pièces entre elles pour former un tout, comme une locomotive et ses wagons.

Construire Il a envie de savoir comment les choses s'emboîtent, s'empilent et tombent. Donnez-lui des cubes et des briques. Il est capable de construire une tour, puis de la détruire d'un revers de main dès qu'elle est finie.

Comme les grands La manière dont il joue montre qu'il a compris le lien entre les objets véritables et leur version sous forme de jouet : il pousse ses petites voitures, borde son nounours dans son lit et caresse ses peluches.

Développement intellectuel

Trier par taille

Votre scientifique en herbe est prêt à tout expérimenter. Il découvre les notions de taille, de forme et de position tout en jouant. Il va lui falloir un peu de temps pour bien les intégrer et comme il progresse en tâtonnant, il sera certainement frustré à certains moments.

Tour Avec des gros cubes, il verra et sentira mieux les différences de taille. Construire une tour lui procure une certaine satisfaction et introduit les idées de « grand », « plus grand », « le plus grand ». Ne vous en mêlez pas ; contentez-vous de l'encourager : en tâtonnant, il trouvera que c'est en mettant les plus gros cubes en dessous que sa tour sera stable.

Comment et pourquoi le stimuler

Proposez-lui des jouets et des jeux qui impliquent les notions de forme, de taille et de position.

★ Il intègre des concepts liés aux différentes propriétés physiques des objets, ce qui va lui servir dans la vie de tous les jours. Une simple consigne telle que : « Donne-moi le gros ours » ou : « Mets le gobelet sur la table » exige qu'il comprenne ces notions.

★ Il apprend en expérimentant. Apprendre à force de faire des erreurs est une bonne méthode.

★ Il apprend à gérer son sentiment de frustration, par exemple s'il n'arrive pas à trouver tout de suite l'élément qui rentre dans l'un des trous de sa boîte à formes.

MÉMO

Les activités artistiques et les jeux qui lui permettent de se salir sont une occasion idéale pour apprendre la notion de taille. Pour l'y aider, commentez ce qu'il fait : la taille de ses traits sur le papier, la taille de son château de sable…

Développement intellectuel

Une imagination fertile

L'imagination de votre tout-petit commence à se développer lorsqu'il se met à reproduire ce qu'il voit et ce qu'il entend. Il va se déguiser pour jouer à être quelqu'un d'autre et témoigner son affection à son nounours.

Comment et pourquoi le stimuler

Les jeux d'imagination sont une source intarissable d'amusement, mais aussi d'apprentissages.

★ Il exerce son imagination. On sait que cela développe la créativité, ce qui lui permettra plus tard de résoudre plus facilement les problèmes.

★ En jouant avec sa cuisine ou son établi, ou en faisant semblant de donner à manger à ses peluches, il met en pratique toutes sortes de concepts, tels que dedans/dehors, ouvert/fermé, dessous/dessus.

★ Il commence à comprendre le rôle social de chacun. Reproduire les scènes de la vie familiale lui permet de comprendre comment les adultes qui comptent dans sa vie interagissent.

★ En imitant votre comportement, il s'identifie à vous. Dans le même temps, il découvre aussi qu'il a une identité propre, distincte de la vôtre.

★ Il se sent proche de vous. Le fait qu'il « participe » aux tâches ménagères avec ses jouets pour vous aider renforce vos liens.

Allo ? Incitez-le à jouer tout en communiquant, en lui répondant lorsqu'il fait semblant de téléphoner. Vous pouvez aussi faire semblant d'être sa mamie qui lui répond.

Qui suis-je ? Il suffit qu'il enfile un chapeau ou une robe de déguisement pour être quelqu'un d'autre. S'il en a envie, lisez-lui une histoire en rapport avec son personnage.

Comme maman Votre tout-petit a envie d'imiter ce que vous faites : il prépare à manger dans sa petite cuisine avec ses petites casseroles, il fait semblant de faire les courses avec un panier, il borde son ours en peluche dans sa petite poussette…

Développement intellectuel

Une curiosité sans fin

La curiosité est un moteur puissant. Votre tout-petit veut savoir ce qui se passe quand un jouet tombe, change de place ou disparaît. Il utilise ces informations pour anticiper les mouvements des objets et donne ainsi du sens à son univers.

Stratégie Votre enfant a compris que les objets peuvent être cachés dans, sous ou derrière quelque chose et c'est là qu'il commence à chercher. Cachez des jouets dans différents endroits (panier, paquet de céréales vide...) et demandez-lui de les trouver.

Devinette Cachez des jouets ou des objets sous une serviette de toilette et demandez-lui de deviner ce que c'est en observant et en palpant la serviette. Posez-lui des questions : « C'est une voiture ? », « C'est un cube ? » et dites le nom quand il retire la serviette.

Comment et pourquoi le stimuler

Faites-lui chercher des objets cachés de manière à mettre en jeu les notions de « dedans », « dessous », « à travers » et « derrière ».

★ Il planifie ses actions. Il apprend en expérimentant et en cherchant des solutions à ses problèmes. Il est maintenant capable de chercher un jouet caché en regardant sous et derrière les objets, et pas seulement autour de lui.

★ Il prend conscience des notions de taille et d'espace. En essayant de pousser un morceau de carton à travers une fente, il améliore sa compréhension de concepts tels que « dedans », « dehors » et « à travers ».

★ Il découvre les propriétés des objets, comment ils se comportent. Il prend conscience qu'un jouet ne disparaît pas comme par miracle - il tombe d'une façon prévisible et garde le même volume, ce qui explique qu'il fasse une bosse s'il est caché par un morceau de tissu.

MÉMO

Il est important de ne pas étouffer la curiosité de votre enfant, mais vous devez néanmoins veiller à sa sécurité. Quand vous lui faites chercher des objets cachés, restez dans la même pièce pour pouvoir le surveiller facilement le temps qu'il fouille.

Développement intellectuel

Bonne mémoire

Il utilise sa mémoire de travail pour retenir les consignes et enregistre dans sa mémoire à long terme des informations qui y resteront stockées. Vous le verrez utiliser sa mémoire pour trouver où est rangé un jouet, par exemple.

Comment et pourquoi le stimuler

Quand vous lui donnez des consignes simples, utilisez des mots familiers, dites-lui son nom et montrez les choses du doigt tout en parlant.

★ Il utilise sa mémoire de travail. Plus vous lui donnez d'indices, mieux il saura garder une consigne dans cette partie de sa mémoire et faire ce que vous lui demandez.

★ Il utilise sa mémoire à long terme. En répétant la même consigne ou en refaisant sans cesse la même activité, vous l'aidez à stocker les informations de façon permanente.

★ Il se représente les choses mentalement. Cette capacité se développe au fur et à mesure qu'il mémorise la disposition de votre maison et de votre jardin, ou le chemin qui mène aux endroits qu'il aime, le parc, par exemple.

Et…

★ Il prend de bonnes habitudes. Si vous lui demandez de prendre son bonnet tous les jours au même moment, il finit par savoir ce que vous attendez de lui.

Jeu de mémoire Faites travailler sa mémoire en lui demandant de retrouver des jouets : « Trouve-moi ton nounours. » Il devra se souvenir de l'endroit où il est rangé et trouver cet endroit.

Trouver son chemin Organisez une chasse au trésor pour l'aider à se souvenir de la disposition de la maison : demandez-lui de vous conduire à sa chambre, à la salle de bain… et d'y chercher les jouets que vous y avez cachés.

Missions Confiez-lui des petites missions. Demandez-lui de vous apporter ses chaussures ou son bonnet à chaque fois que vous vous apprêtez à sortir. Répétez les mêmes mots et veillez à ce que ces objets soient toujours rangés au même endroit pour qu'il les trouve.

Indices Il est en train d'apprendre que de nombreux objets ont une utilité. Précisez la fonction des objets quand vous lui demandez d'en chercher un – par exemple, le bol pour donner à manger à ses poupées ou pour prendre son goûter. Aidez-le un peu les premières fois.

L'album de souvenirs

Les premières années de votre enfant vont passer très vite et vous allez faire toutes sortes de choses avec lui. Pour que vous gardiez tous les deux le souvenir de ces moments, tenez un journal, faites des photos, filmez-le et conservez quelques « trésors ».

Pour lui Votre tout-petit est fasciné par lui-même et il adore regarder les photos, les films et les souvenirs des choses qu'il a faites. Confectionnez-lui un album de souvenirs qu'il pourra feuilleter – il devra être assez solide pour supporter d'être manipulé sans précautions. Mettez-y des photos de lui, de votre famille et de vos amis proches, et des endroits où il est allé. Glissez-y aussi les empreintes de ses mains et de ses pieds.

Pour vous Vous pouvez constituer une précieuse collection de souvenirs en gardant les objets qui vous rappellent votre tout-petit. Utilisez une boîte spéciale pour conserver ses premières chaussures, le moulage de ses mains, son premier gribouillage et des souvenirs de vos premières vacances. Tenez un journal de ses premières années, ajoutez-y des photos et inscrivez les étapes franchies et les choses drôles qu'il a dites ou faites. Quand vous regarderez tout cela ensemble dans les années qui viennent, toute cette période refera surface, pour votre plus grand plaisir.

19 mois-2 ans

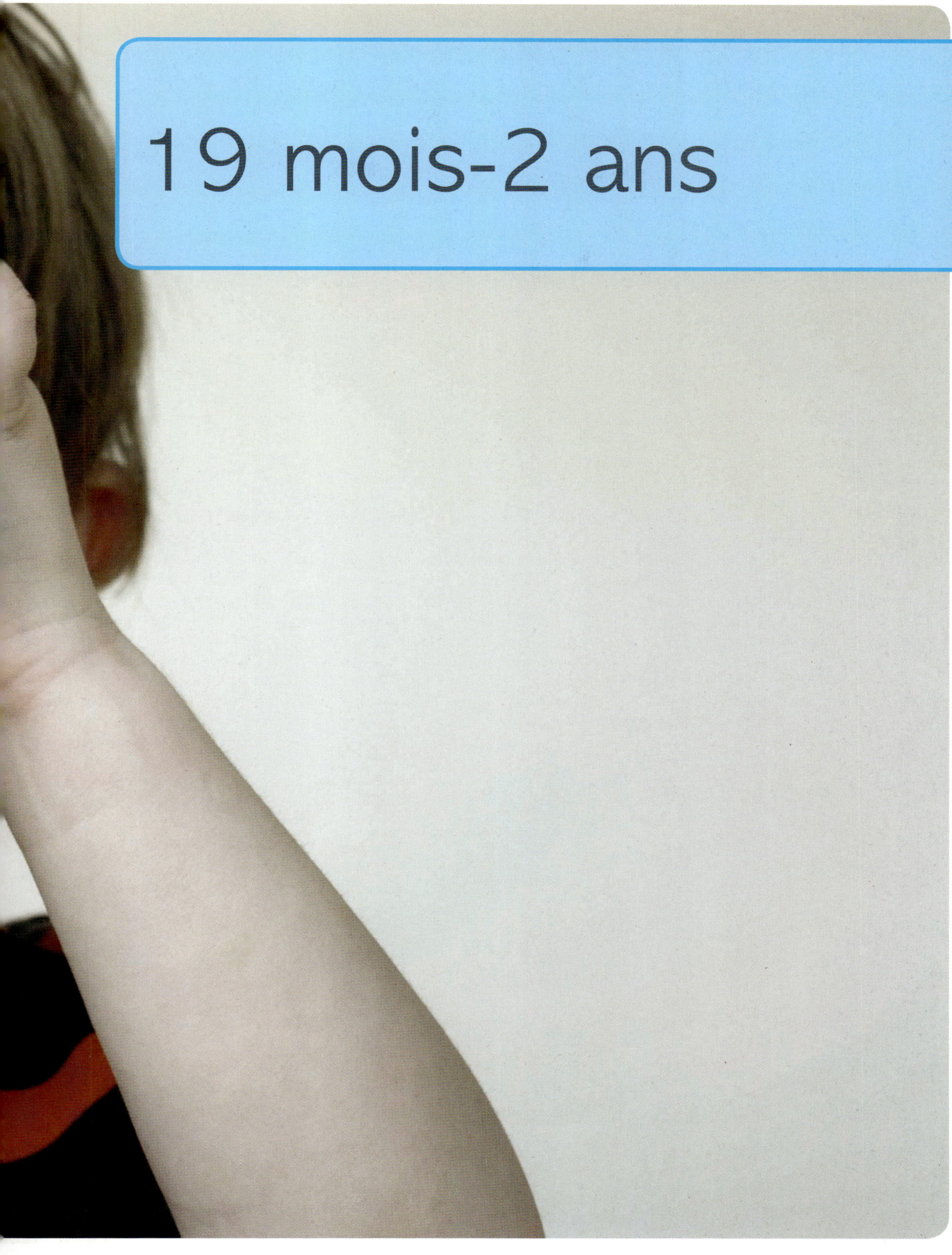

UNE ÉNERGIE DÉBORDANTE

Votre tout-petit va bientôt avoir 2 ans et sa personnalité commence à vraiment s'affirmer. Il s'implique de plus en plus dans son environnement et ses jeux se complexifient.

SOCIALISATION

Votre tout-petit est sans cesse en mouvement et il a en permanence besoin de jouer pour s'occuper, à l'intérieur comme à l'extérieur.
Il gagne en assurance et il est de plus en plus sociable, ce qui se traduit par une plus grande aisance avec les autres enfants. Le fait de les côtoyer le stimule énormément. Vous remarquerez aussi qu'il apprécie la compagnie des adultes et qu'il est ravi de bavarder avec eux.
À 2 ans, des émotions complexes apparaissent, mais il n'est pas capable de mettre un nom dessus. Quant aux colères, elles peuvent commencer vers l'âge de 16 mois, quand la colère et la frustration lui font perdre le contrôle de lui-même. Les colères surviennent aussi quand il n'arrive pas à se faire comprendre. Et elles sont aussi son moyen de prédilection pour vous montrer qu'il est contrarié que vous lui disiez « non ». Pour limiter ces éclats, sachez reconnaître la fatigue, la faim ou la surexcitation de votre enfant, et évitez les conflits potentiels dans ces moments-là. À l'opposé, vous allez voir émerger une attention aux autres qui s'exprimera souvent dans les jeux de rôles ; vous le verrez, par exemple, cajoler avec tendresse son ours en peluche.

MOTRICITÉ

Il commence à courir, sauter, grimper et donner des coups de pied. Pour cela, il a besoin d'équilibre, ce qui nécessite la transmission d'informations par ses yeux, ses muscles et son appareil « vestibulaire » ; ce dernier correspond à une partie de l'oreille interne et détecte les changements de position. Son cerveau travaille en permanence pour décrypter tous ces signaux et leur concordance. Cette opération passe par une activité physique importante. Quand il se balance, glisse, fait du trampoline, des sauts et des bonds, ces trois séries de signaux se déclenchent simultanément.
Une fois qu'il saura maintenir son équilibre et qu'il marchera et courra avec assurance, il pourra passer à une activité encore plus exaltante : l'escalade. Et à 2 ans, il saura donner un coup de pied dans un ballon.

De plus en plus sociable Tout au long de sa deuxième année, il va s'habituer de plus en plus à jouer à côté des autres enfants.

Équilibre parfait Il sait bien garder l'équilibre et peut faire des choses qui exigent des gestes sûrs et de la concentration.

PRÉHENSION

À l'approche de son deuxième anniversaire, sa motricité fine s'améliore. Il tourne les pages de ses livres, manipule les gros boutons et les velcros, et il fait des traits avec un crayon ou un pinceau. À la fin de sa deuxième année, il ne tient plus les crayons dans son poing fermé, mais commence à utiliser la « prise tridigitale »– le pouce et deux doigts. Il a acquis une souplesse du poignet qui a donné lieu à une évolution dans ses dessins, et il sait maintenant déplacer le crayon ou le pinceau dans différentes directions. Sa coordination main-œil étant meilleure, il peut commencer à lancer une balle à peu près dans la direction qu'il veut, ou utiliser un marteau en bois pour planter des chevilles dans des trous. Les briques qui s'encastrent et les jeux de construction l'intéressent davantage, car il commence à savoir emboîter les pièces les unes dans les autres. Ses gestes plus assurés lui permettent aussi de construire des tours de plusieurs étages.

COMMUNICATION

Depuis ses premières tentatives pour s'exprimer, il a fait du chemin. Ses pleurs ont progressivement évolué en roucoulades, en babillage, puis en mots et, enfin, en phrases de deux mots.
Il prend un plaisir immense à vous voir réagir.
À 2 ans, son vocabulaire atteint environ deux cents mots qu'il associe pour faire des phrases simples d'au moins deux mots, comme « veux lait ». Plus vous lui parlerez, plus l'acquisition du vocabulaire sera rapide.
Il saisit également plus vite les idées plus

complexes. À 2 ans, il est capable d'obéir à des consignes simples comme : « Apporte-moi ton verre », mais aussi de se rebeller, voire de ne pas vous obéir !
À partir de 19 mois, il ajoute de nouveaux gestes à son répertoire pour mieux se faire comprendre. En général, ces gestes sont une imitation de ceux que vous faites avec vos mains et vos bras.

DÉVELOPPEMENT INTELLECTUEL

Il découvre que les choses ont des propriétés diverses, comme la couleur et la taille, et qu'elles peuvent être identiques ou différentes. Entre 19 mois et 2 ans, il va adorer les jeux d'association, car il a désormais les compétences pour trier les objets. Il va aussi aimer les puzzles plus compliqués grâce à sa plus grande capacité à résoudre les problèmes. La logique apparaît, mais il ne sait pas forcément attribuer sa cause à un évènement.
Au cours de sa deuxième année, son imaginaire se développe. Il s'identifie aux personnages des histoires, s'intéresse à ce qui leur arrive et joue à « faire semblant » en se déguisant ou en mettant en scène ses poupées et ses figurines. Observez-le bien : vous vous reconnaîtrez peut-être dans ses jeux d'imagination, où la reproduction de la vie de famille tient une large place.

Univers imaginaires Votre tout-petit va se plonger dans des univers imaginaires. Offrez-lui une ferme, un train ou n'importe quel monde en miniature. Il sera enchanté. Profitez-en pour lui apprendre des notions telles que « pareil » et « différent ».

Une prise plus ferme Sa prise se rapproche de celle d'un adulte : il utilise le pouce, l'index et le majeur pour tenir les objets.

En route Il a un tel besoin de bouger que rien ne lui fait plus plaisir que d'arpenter le jardin sur son tricycle, sa trottinette ou son tracteur. Emmenez-le régulièrement dehors. Rien de tel qu'un portique ou un toboggan pour qu'il bouge, soit heureux et plein de vie.

Socialisation

Jouer à faire semblant

À travers ses jeux imaginaires, votre tout-petit est capable de mettre en scène les paroles, les gestes et les interactions sociales qu'il observe autour de lui. C'est un spectateur attentif, et vous le surprendrez peut-être en train d'imiter vos intonations ou vos manières.

Comment et pourquoi le stimuler

Ne soyez pas avare de compliments quand il joue à faire semblant.

★ Il développe ses compétences sociales. Les jeux d'imagination lui permettent de tester des comportements avant d'avoir à les adopter dans la « vraie vie ».

★ Il comprend mieux les autres. Le fait qu'il sache observer, puis imiter le comportement de quelqu'un de gentil témoigne de son empathie grandissante pour autrui.

★ Il expérimente différents rôles sociaux. Quand il joue à materner ses poupées ou ses peluches, il se met dans la peau de quelqu'un d'autre, ce qui lui permet de comprendre la réalité sociale.

★ Il apprécie d'être avec vous. Au début, il a envie que vous participiez à ses jeux. Mais vers l'âge de 2 ans, il sera ravi que vous le regardiez faire.

MÉMO

Tout ce qu'il invente quand il joue à faire semblant, y compris ses amis imaginaires, l'aide à développer sa créativité et sa compréhension de la réalité sociale, mais on pense que cela l'aide aussi à gérer les situations stressantes.

Dînette Les jeux d'imagination de votre tout-petit tournent autour des scènes de la vie quotidienne, comme les repas. Donnez-lui des gobelets et des assiettes en plastique pour qu'il organise un pique-nique avec ses peluches, ou suggérez-lui d'organiser une soirée pizza avec ses figurines.

Bien chez soi Il aime bien s'enfermer, se cacher ou se couvrir. Donnez-lui un grand carton ou recouvrez une table d'un drap : il sera ravi d'en faire sa « maison » et de jouer à l'intérieur avec ses jouets.

Rituel Ses poupées ont elles aussi droit au rituel du coucher. Vous serez étonnée de le voir imiter à la perfection vos paroles et vos gestes quand il les met au lit ou quand il leur donne leur bain.

Conversations Il adore donner des ordres (« ça suffit » ou « vas-y ») à ses jouets sur le même ton que vous. Il aime aussi mettre en scène d'autres scénarios, en tenant ses jouets face à face et en les faisant converser.

Affectueux Il comprend de mieux en mieux les autres, et cela se traduit dans sa relation à ses poupées. Il adore bercer affectueusement ses poupées et ses peluches, leur donner le biberon ou les border dans leur petit lit ou leur poussette.

Socialisation

Un monde en miniature

Votre tout-petit fait travailler son imagination en jouant dans un univers à sa taille, et cela favorise sa socialisation. Il prête sa voix à des personnages et à des animaux et les fait bouger. Il se déguise et se met en scène.

Comment et pourquoi le stimuler

Donnez-lui une caisse de déguisements, des figurines et des animaux de ferme ou de zoo.

★ Il acquiert la notion de représentation. En prêtant sa voix et ses gestes à ses personnages, il leur confère une qualité sociale et il s'en sert pour représenter des personnes ou des animaux de la « vraie » vie.

★ Il teste des comportements nouveaux. Se déguiser lui donne l'occasion de se mettre dans la peau d'un personnage différent de lui et d'adopter une voix et des gestes exagérés.

★ Il observe et il imite les autres. Observer les jeux d'imagination des aînés lui permet d'imiter des scénarios plus complexes.

Le monde en miniature Votre tout-petit commence à utiliser des personnages pour se représenter lui-même et pour représenter sa famille. Vers 2 ans, il sera ravi de les installer dans une maison de poupée, dans un bus ou dans une voiture.

Jeux communs Les aînés, qui ont plus l'expérience des jeux d'imagination, peuvent faire participer leur petit frère ou petite sœur. Celui-ci (celle-ci) imitera volontiers la manière dont ils font bouger et parler leurs personnages et leurs animaux.

Déguisements Puisque son intérêt pour les déguisements s'accroît, aidez-le à se déguiser en animal ou en personnage de livre. Discutez avec lui comme sil était ce personnage, ou lisez-lui une histoire dont il est le héros.

MÉMO

Les jeux d'imagination chez un tout-petit favorisent son développement affectif dans la mesure où cela lui permet d'exprimer des émotions qu'il a peut-être du mal à verbaliser.

Socialisation

Allées et venues

Même s'il est plus indépendant, votre tout-petit a besoin de sentir que vous êtes dans les parages quand il s'aventure un peu plus loin que d'habitude. Votre présence le rassure et l'aide à se concentrer.

Regarde-moi Si vous n'êtes pas loin, il s'aventurera jusqu'au bac à sable ou jusqu'à à l'autre bout de la pièce avec ses jouets. Votre présence le sécurise : pour jouer tranquillement, il a besoin de vous voir quand il lève la tête ou de savoir que vous viendrez s'il appelle.

Comment et pourquoi le stimuler

Restez près de lui et gardez un œil sur lui pendant qu'il joue.

★ Il reste très attaché à vous, mais il est maintenant capable de garder à l'esprit une image rassurante de vous, ce qui lui permet de ne pas rester collé à vous quand il joue.

★ Il vous considère comme une base sûre. Il a besoin de vous voir et de vous toucher de temps en temps pour se rassurer et se convaincre que vous serez toujours là en cas de besoin.

★ Il peut se concentrer sur ses jeux. Il a l'esprit tranquille, car il sait que vous veillez sur lui.

Indépendant mais pas trop Par moments, il est heureux de jouer dans le jardin ou dans le parc, sous votre regard. À d'autres, en revanche, s'il est fatigué ou énervé, il préférera rester collé à vous.

Tu es là ? Gardez le contact avec lui : échangez un regard, faites-lui un signe ou approchez-vous pour commenter ce qu'il fait et le féliciter. Il saura ainsi que vous pensez toujours à lui.

Motricité

Premiers jeux de ballon

Votre petit aventurier sait maintenant courir, sauter, taper du pied dans un ballon. Les jeux de ballon sont une excellente occasion pour lui de s'amuser avec vous tout en affinant ses nouvelles compétences physiques.

Comment et pourquoi le stimuler

Échangez-vous un ballon en le lançant, en le faisant rouler ou en tapant du pied dedans.

★ Il travaille son équilibre. Quand il transfère le poids de son corps sur un pied ou se penche en avant pour lancer le ballon, il améliore sa stabilité.

★ Il travaille sa coordination main-œil. Il utilise les informations transmises par ses yeux et ses muscles pour améliorer la précision de son geste.

★ Il apprend à mieux se servir de son corps. Il utilise, en effet, ses muscles pour donner une trajectoire au ballon.

Et …

★ Il se socialise, car les jeux de ballon impliquent coopération et alternance des rôles.

Apprendre à viser Faites-lui frapper une balle avec une grande batte en mousse ou une raquette légère. Les jeux de quilles ou les paniers de basket pour enfants permettent aussi de s'entraîner à viser juste.

Coup de pied Les premières fois, il va plutôt pousser le ballon que le frapper vraiment. Installez-lui des « buts » et donnez-lui un gros ballon en mousse pour qu'il s'exerce. Vous pouvez aussi jouer le gardien de but et lui demander de tirer sur vous.

Jeux de garçons et jeux de filles

Quel que soit leur sexe, les enfants aiment se dépenser et ils en tirent une grande satisfaction. Quand ils courent, sautent ou grimpent, difficile de noter une différence entre eux, même si des goûts différents peuvent ensuite émerger.

Différences de caractère Si vous comparez votre enfant à un autre enfant de sexe opposé, vous remarquerez des différences dans leur manière de jouer et leur niveau de développement. Mais elles sont liées à la personnalité de chacun et non à la différence de sexe. À cet âge, garçons et filles sont plutôt curieux, actifs et joueurs, et les différences tiennent aux préférences personnelles de chaque individu plutôt qu'à leur sexe et à la manière dont ils sont éduqués.

Une situation qui évolue Des différences entre les jeux physiques des uns et des autres apparaissent néanmoins plus tard. Des études montrent qu'à partir de 3 ans, les garçons ont un goût plus prononcé que les filles pour les jeux remuants. Dans les jeux d'imagination, les filles ont plus tendance à endosser le rôle de la ménagère et les garçons celui des héros qu'ils voient dans les livres ou à la télévision.

Exercice Les balles en mousse et les sacs remplis de haricots sont plus faciles à manipuler qu'une balle ou un ballon durs. Commencez par lui faire lancer ; il apprendra à les rattraper plus tard.

Motricité

Jeux d'action

Il devient intrépide et cherche à grimper partout. Il apprécie de se sentir plus fort et d'utiliser tout ce qui permet de sauter et de bouger. La joie qu'il ressent à chevaucher, rebondir, escalader et glisser fait plaisir à voir.

Comment et pourquoi le stimuler

Emmenez-le au parc pour qu'il profite des équipements permettant de glisser, sauter ou escalader.

★ Ses mouvements amples et énergiques augmentent la puissance et la coordination des muscles de son tronc, de ses épaules, de ses jambes et de ses bras.

★ Il améliore sa perception de l'espace. Quand il glisse sur le toboggan ou qu'il bascule et se redresse, il s'adapte aux différents types de mouvements que son corps subit.

★ Il prend plaisir à bouger. Voler ou sauter dans les airs ou dévaler un toboggan le remplit de joie.

Monter, descendre Son équilibre s'est amélioré et il peut maintenant monter et descendre les marches en vous tenant la main ou sous votre surveillance. Comptez les marches au fur et à mesure pour le motiver.

Balançoire Mettez-vous à deux et tenez-lui chacun un bras pour le balancer tout doucement entre vous. Il comprendra vite qu'au bout de quelques pas, vous allez le soulever dans les airs, et il en redemandera !

Sauter Maintenant qu'il est capable de s'accroupir et de se redresser, il est en mesure de sauter sur n'importe quelle surface qui fait ressort. L'idéal, c'est un canapé ou un lit, mais vous ne serez pas forcément d'accord !

Sur les fesses Descendre un toboggan est si grisant qu'il y a de grandes chances pour que cela devienne son jeu préféré. Il fait travailler ses muscles pour tenir assis et se recevoir à l'arrivée, mais il est tellement absorbé par le plaisir qu'il ne le remarque pas.

Trampoline Il est maintenant capable de sauter à pieds joints, ce qui signifie qu'il peut sauter sur un trampoline pour tout-petits. La poignée lui permet de se tenir et de sauter plus haut sans avoir peur de perdre l'équilibre.

On pousse Sur un trotteur ou un tricycle, se déplacer est un vrai bonheur. Il ne peut pas encore pédaler, mais il est capable de se propulser avec les deux pieds en même temps, puis en alternant les deux, comme pour marcher.

Une famille dynamique

Votre tout-petit adore bouger, mais il appréciera encore plus si la famille entière participe aussi.

Faites un effort Il est parfois difficile de trouver du temps pour cela… et pourtant, beaucoup de gens affirment qu'ils aimeraient faire plus d'exercice en famille.

Une activité quotidienne La solution, c'est de profiter chaque jour de la moindre occasion pour bouger. Il n'est pas nécessaire de sortir toute la journée ou de courir pendant des heures pour ressentir les bienfaits de l'activité physique. Selon les spécialistes, il suffit d'un quart d'heure de jeux d'action par jour pour que les effets se fassent sentir sur un enfant de poids normal, et tout enfant devrait se dépenser physiquement au moins une heure par jour, y compris les moments de jeu en famille.

Jeux d'intérieur Jouez avec des ballons de baudruche en les frappant pour vous les envoyer, ou empêchez-les de toucher terre avec vos mains et vos pieds. Vous pouvez aussi danser sur de la musique, ou jouer aux quilles ou à cache-cache.

Jeux d'extérieur Organisez une chasse au trésor ; faites des bulles et essayez de les attraper au vol ; jouez à chat, mais ne courez pas trop vite pour que votre enfant puisse vous attraper ; faites des jeux où il faut lancer un ballon ou le frapper du pied. À chaque fois que vous en avez l'occasion, allez jusqu'au parc ou promenez le chien ensemble.

Préhension

Une meilleure coordination main-œil

La coordination entre ce qu'il voit et les gestes de sa main s'est améliorée, et il contrôle mieux sa motricité fine (muscles des mains et des doigts). Il explore les objets et les vise avec une plus grande précision.

Comment et pourquoi le stimuler

Occupez-lui les mains avec des jeux et des activités qui font appel à sa motricité fine.

★ Il fait travailler ses yeux et ses mains de façon coordonnée. La précision de ses mouvements continue à s'affiner et il a besoin des informations que lui transmettent ses yeux et ses mains.

★ Il apprend à mieux viser. Il n'a pas besoin de regarder son bras pour savoir quel mouvement il fait, mais il doit se concentrer sur sa cible pour mieux viser.

★ Il explore par le toucher. Le fait de toucher quelque chose, sans le voir, l'oblige à faire appel à ses expériences passées pour guider ses mains.

Et…

★ Il associe chaque action à un bruit particulier, ce qui lui permet notamment de deviner quelle est la personne ou l'objet qui s'approche de lui rien qu'en écoutant.

Sensations Le son qu'il entend quand il froisse ou déplie du papier crépon, ouvre une enveloppe ou déchire des couches de papier en ouvrant un cadeau lui plaît beaucoup. Ces activités exigent une coordination entre ce que ses yeux voient et ce que ses mains font.

Coups de marteau Votre tout-petit est maintenant capable de taper avec un marteau en visant juste. Il va adorer enfoncer des « clous », introduire des boules dans un trou ou produire des notes sur un xylophone.

Devinette Mettez différents jouets et objets dans un sac en tissu. Demandez-lui de plonger la main dedans pour en explorer la texture et la forme avec ses doigts. Au fur et à mesure qu'il les sort, nommez-les.

Fouilles L'extrémité de ses doigts est suffisamment sensible pour qu'il puisse retrouver des objets enfoncés dans le bac à sable ou cachés dans une boîte remplie de papier froissé ou derrière les coussins du canapé.

Préhension

Des gestes précis

La satisfaction de votre tout-petit est immense lorsqu'il arrive à retirer ses chaussettes tout seul, à ouvrir le scratch de ses chaussures ou à encastrer les pièces d'un puzzle. Pour cela, il fait appel à ses compétences au niveau de la motricité fine et à ses capacités de résolution des problèmes.

Comment et pourquoi le stimuler

Proposez-lui des jouets et des activités qui exigent des mouvements fins.

★ Il s'exerce à faire des mouvements précis. Faire tourner, tirer ou enfoncer des gros boutons ou les pièces d'un puzzle améliore son contrôle musculaire et sa dextérité.

★ Il s'entraîne à résoudre des problèmes. Pour faire entrer une pièce de puzzle au bon endroit, il faut qu'il comprenne la tâche, qu'il réfléchisse et qu'il persiste jusqu'à ce qu'il y arrive.

★ Il gagne en autonomie. Plus habile de ses mains, il fait plus de choses seul.

S'habiller Enfiler le bras dans la manche de son manteau (si on lui tient ouvert), remonter ses chaussettes ou finir d'enfiler son tee-shirt sont autant d'occasions de mettre en pratique son habileté manuelle.

Ouvrir et fermer Au début, il aura moins de mal à retirer ses vêtements et ses chaussures qu'à les mettre. Guidez ses mains quand il défait les scratchs de ses chaussures ou qu'il ouvre la fermeture-éclair de son manteau.

Encastrer Pour développer la précision de ses gestes, pensez aux encastrements de pièces munies de poignées et aux puzzles (six pièces maximum). D'ici quelques mois, il utilisera sa « pince » et saura enfiler des grosses perles.

Entraînement De nombreuses activités permettent d'affiner ses mouvements tout en s'amusant, par exemple habiller et déshabiller ses poupées ou mettre et enlever les accessoires de ses personnages.

Jeux complexes Les mouvements complexes des mains et des doigts pour ouvrir et manipuler les fenêtres et les portes d'une maison de poupée ou pour y disposer des meubles sont un bon moyen d'exercer sa coordination.

Préhension

Sa créativité s'exprime

La créativité de votre enfant s'épanouit. Stimulez son intérêt pour les activités artistiques, en mettant à sa disposition un matériel varié, et prenez le temps de faire des choses ensemble. Il acquerra une meilleure coordination, une créativité accrue et en tirera un sentiment de satisfaction.

Découpages Apprenez-lui à se servir de ses premiers ciseaux : guidez ses doigts à travers les trous, et faites-lui ouvrir et fermer les lames en posant votre main par-dessus la sienne.

Modelage Cette activité lui permet de créer avec ses mains des œuvres en trois dimensions. Donnez-lui de la pâte à modeler, du papier mâché ou du papier crépon froissé pour qu'il puisse laisser libre cours à son imagination.

Peinture Donnez-lui une éponge et plusieurs soucoupes de peinture. Montrez-lui comment prendre juste ce qu'il faut de peinture avec l'éponge et se servir de celle-ci pour tamponner une feuille ou faire des traits dessus.

Collages Donnez-lui des photos de magazines ou des vieilles cartes postales pour qu'il réalise ses premiers collages sur du carton. Aidez-le à encoller les images et laissez-le les disposer à sa guise.

Comment et pourquoi le stimuler

Donnez-lui l'occasion de couper, coller, modeler et peindre.

★ Il exerce sa motricité fine. Au fur et à mesure que les petits muscles de ses mains et de ses doigts se développent, ses mouvements deviennent plus fluides et mieux contrôlés.

★ Il fait des mouvements qu'il n'avait jamais eu l'occasion de faire. Actionner des ciseaux est un exercice difficile, exigeant un bon contrôle et une bonne coordination des mains et des doigts.

★ Il apprend à utiliser différents matériaux. Il découvre ainsi différentes façons de les manipuler suivant qu'ils sont durs, mous, flasques ou fragiles.

★ Et…

★ Il crée quelque chose. Le fait de pouvoir regarder et montrer le produit de ses efforts lui procure une grande satisfaction et développe son estime de soi.

MÉMO

En manipulant de la colle, de la peinture ou de la pâte à modeler, votre enfant peut faire beaucoup de saletés. Pour limiter les risques, rester zen et lui permettre de s'exprimer en toute liberté, cantonnez-le dans un coin « arts plastiques ».

Préhension

Tout seul

Votre tout-petit rassemble ses capacités de concentration et de coordination pour faire les choses seul. Il sait associer plusieurs mouvements pour effectuer des tâches simples, comme ouvrir une porte ou se laver les mains.

Comment et pourquoi le stimuler

Donnez-lui l'occasion de faire preuve d'indépendance et d'effectuer des tâches de plus en plus complexes.

★ Il apprend à associer plusieurs mouvements délicats. La plupart des tâches exigent une succession de mouvements coordonnés qu'un enfant ne peut effectuer qu'en s'entraînant souvent.

★ Il ajuste sa prise. Chaque tâche exige qu'il perçoive la nécessité de relâcher ou de resserrer sa prise en fonction de ce qu'il a à faire.

★ Il satisfait son envie de faire les choses lui-même. Plus son habileté manuelle et sa coordination s'améliorent, plus sa capacité à se prendre en charge augmente.

Ouvrir et fermer Dès qu'il aura assez de force et saura maîtriser sa prise et ses gestes, il pourra ouvrir les portes des pièces ou des placards et les loquets. Incitez-le à développer cette compétence ; cela lui donnera plus de liberté pour explorer son environnement.

MÉMO

Pour qu'il ne se décourage pas, aidez-le à faire les premiers gestes qu'une tâche compliquée exige. Le fait de réaliser qu'il peut en venir à bout lui donne confiance en lui et le pousse à recommencer.

Toilette Sa coordination est assez développée pour qu'il participe à sa toilette. Donnez-lui un gant pour qu'il se frotte le visage et le corps ; nommez chaque partie de son corps au fur et à mesure qu'il les lave.

Des mains bien propres Au début, aidez-le à se laver les mains. Cette tâche exige une bonne prise et une capacité à faire pivoter – pour tourner le robinet, se savonner les mains, puis les frotter l'une contre l'autre.

Pas facile Pour lui simplifier la tâche, au début, donnez-lui des chaussures faciles à enfiler. Faites-le asseoir et, si nécessaire, aidez-le à garder son équilibre en posant la main sur son épaule, tenez-lui la chaussure et enfilez-la sur la pointe de son pied.

Les colères

Les colères que l'on observe souvent chez les enfants aux alentours de l'âge de 2 ans peuvent apparaître dès 16 mois. Elles correspondent à un stade appelé « différenciation », où l'enfant se rend compte qu'il est une personne distincte de sa mère et qu'il est capable de faire ses propres choix.

Premières colères Dans la mesure où il cherche à s'affirmer, il n'est pas anormal qu'il fasse au moins une colère par jour. Elles lui permettent d'extérioriser des émotions fortes qu'il ne sait pas exprimer par des mots. Elles sont souvent déclenchées par une frustration, par le refus de partager ou d'accepter qu'on lui dise « non ». Elles ont plus de chances de se produire s'il est fatigué, s'il a faim ou s'il est trop stimulé.

Comment les prévenir Pour limiter les colères, détournez son attention dès que vous sentez que l'orage gronde. Choisissez le bon moment pour programmer les activités susceptibles d'en déclencher une ; faites-le, par exemple, manger et dormir avant de l'emmener faire des courses au supermarché.

Comment les gérer Quand il commence à faire une colère, éloignez-le de ce qui l'énerve et attendez qu'il se calme. Dans la mesure où il peut être effrayé par la violence de ses émotions, restez près de lui et gardez votre calme. N'essayez pas de le raisonner tant que la colère n'est pas passée et qu'il n'est pas suffisamment apaisé pour vous écouter.

Communication

Les premières phrases

Plus vous parlerez avec votre enfant, plus il aimera bavarder. Répétez ce qu'il dit en l'énonçant plus clairement, faites des efforts pour le comprendre, commentez les évènements. Vous serez étonnée de voir tout ce qu'il saisit.

Comment et pourquoi le stimuler

Saisissez toutes les occasions pour bavarder avec lui.

★ En vous écoutant développer dans une phrase plus élaborée les deux mots qu'il vient d'associer, il apprend à construire des phrases.

★ Il apprend à s'exprimer. Il utilise, en effet, de plus en plus de mots pour faire savoir ce qu'il veut. Votre réaction lui indique qu'il est sur la bonne voie et l'encourage à persévérer.

★ Il apprend à tenir une conversation. Il s'habitue à l'alternance de la prise de parole et de l'écoute, essentielles dans un dialogue.

Et ...

★ Il acquiert des compétences sociales. En participant et en écoutant les bavardages des membres de sa famille, il exerce ces compétences et il manifeste son intérêt pour les autres.

Un langage plus riche Quand il commence à faire des phrases de deux mots, développez chaque idée en faisant une phrase plus longue. S'il dit, par exemple : « Moi rentrer », dites-lui : « Tu veux rentrer à la maison ? »

Pipelette Entraînez-le à tenir des conversations. Asseyez-vous l'un en face de l'autre pour qu'il voie votre visage et vos mains, demandez-lui ce qu'il a fait et attendez qu'il vous réponde par un mot ou un geste. Approuvez de la tête et répondez.

Repas animés En bavardant avec lui pendant les repas, vous lui faites prendre une habitude qui assure à long terme la communication au sein de la famille. Limitez la conversation à des choses simples, comme ce qu'il a fait dans la journée et ce qu'il fera le lendemain.

MÉMO

Selon une étude récente, le dialogue parent-enfant est le moyen idéal pour favoriser le développement du langage. Autres moyens de le stimuler : lire des livres ensemble, s'adresser très souvent à son enfant et limiter le temps passé devant la télévision.

Communication

Le pouvoir des livres

Pour lui donner le goût des livres, prenez le temps de lire ensemble. Comme narrateur, vous rendrez l'histoire plus passionnante en prenant différentes voix, en changeant d'intonation, ou en faisant des gestes et des bruits.

Le nom des choses Apprendre le nom des objets courants est important pour lui. Quand vous regardez des images ensemble, ne vous contentez pas de lui raconter l'histoire : montrez du doigt et nommez tout ce que vous voyez.

Au-delà des mots Les livres où l'on découvre des textures et des sons permettent d'apprendre de façon ludique. Si vous dites « doux » quand il touche un carré de peluche, il se rappellera plus facilement le mot.

Anticipation L'intonation de votre voix lui permet d'imaginer ce qu'il va trouver à la page suivante ou sous les languettes d'un livre animé. Demandez-lui s'il a une idée de ce qu'il va découvrir ou de ce qui va se passer.

Ma famille Regardez ensemble les albums de photos. Il se reconnaîtra sur les photos récentes, mais il risque de se demander qui est ce bébé sur les photos plus anciennes. Commentez les photos des membres de la famille.

Comment et pourquoi le stimuler

Lisez-lui des livres, regardez des imagiers et des albums de photos, mimez les histoires et racontez-lui des blagues.

★ Il met des noms sur les choses. Les livres d'images sont un excellent moyen de répondre à son envie de connaître le nom de tout ce qu'il voit.

★ Les mots prennent vie. Si l'histoire que vous lui racontez décrit des émotions et les nomme, cela l'aidera à mettre des mots sur ses sentiments.

★ Il s'implique dans une histoire. Une fois qu'il a compris que l'histoire a un début, un déroulement et une fin, il se laisse happer et il a hâte de savoir ce qui va se passer. Et …

★ Il est content de passer du temps avec vous. En se blottissant contre vous pour écouter une histoire au moment de se coucher, il termine sa journée par un moment d'intimité.

Développement intellectuel

Le sens du détail

La maturation de son système nerveux et de sa mémoire lui permet désormais de saisir plus de détails. Grâce aux informations que ses sens lui transmettent, il découvre des couleurs, des sons, des goûts, des textures et des odeurs qu'il ne distinguait pas avant, et il en conserve le souvenir.

Comment et pourquoi le stimuler

Faites en sorte que ses sens soient en éveil en toute occasion – jeux, repas ou moments plus tranquilles.

★ Il apprend à distinguer différentes surfaces et stocke petit à petit des informations sur les sensations qu'il a en touchant les choses.

★ Il s'ouvre à de nouvelles saveurs. À force de voir, de tâter et de goûter de nouveaux aliments, il finira par avoir envie de les manger.

★ Les nombreux stimuli visuels dont il bénéficie permettent la maturation de sa vision.

Toucher Mettez un nom sur les sensations qu'il ressent en explorant des doigts différentes textures : papier de verre, fourrure synthétique ou véritable, porcelaine… Laissez-le écraser et tâter de la purée, une boule de coton ou de la pâte à modeler.

MÉMO

Un enfant apprend grâce à ses cinq sens. Ne sous-estimez pas l'importance de la stimulation. Pour qu'il ait envie de découvrir son environnement, celui-ci doit solliciter tous ses sens.

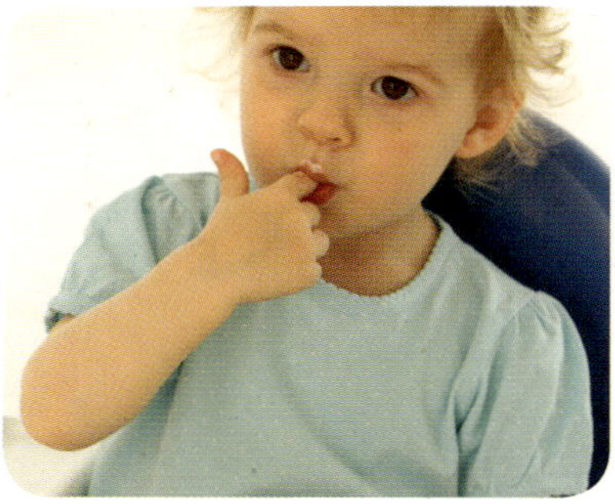

Goûter Les lèvres et la langue de votre tout-petit transmettent à son cerveau des informations sur ce qu'il goûte. Faites-lui tester différentes saveurs et consistances (yaourt, banane ou pomme en tranches fines).

Sentir L'odorat, très développé chez le tout-petit, peut faire remonter des souvenirs et aider à reconnaître quelque chose ou quelqu'un. Incitez-le à découvrir les aliments à leur odeur autant qu'à leur goût et à leur texture.

Voir La zone de l'œil qui est la plus sensible à la couleur est encore en cours de maturation, mais votre enfant est capable de percevoir des couleurs subtiles. Choisissez des jouets et des livres qui lui permettent d'observer les variations de tons.

Développement intellectuel

Semblable et différent

Votre tout-petit est capable de se rendre compte des similitudes ou des différences entre les choses. Ce concept essentiel l'aide à trier les informations qu'il reçoit. Plus il exercera cette capacité, plus elle se développera.

Comment et pourquoi le stimuler

Tous les jeux d'associations (cartes-images, cubes…) constituent un bon exercice.

★ Il apprend à catégoriser les choses. Grâce à la répétition et à l'expérience, il apprend à distinguer les éléments clés permettant de faire des regroupements, par exemple « sont-ils vivants ou non », « font-ils du bruit »?

★ Il organise sa pensée. Trier permet à votre tout-petit de penser plus vite. Quand il rencontre quelque chose de nouveau et qu'il arrive à le mettre dans une catégorie, il a tout de suite une idée de ses propriétés, car il sait déjà des choses sur ce groupe d'objets.

★ Il identifie les couleurs. Continuez à nommer les couleurs quand vous jouez avec lui. D'ici un an, il saura parfaitement donner tout seul le nom d'une ou deux couleurs.

Et …

★ Il enrichit son vocabulaire en vous entendant nommer ce qu'il voit.

Cartes-images Proposez des jeux où il faut nommer et associer des choses appartenant à différentes catégories (animaux, aliments..). Jouez à celui qui sera le premier à reconnaître deux cartes identiques, mais ne soyez pas trop rapide, car c'est encore difficile pour lui.

D'autres jeux proposent d'associer les animaux avec leurs aliments ou bien de faire le tri par taille.

Par couleurs Pour apprendre à trier les couleurs, rien de tel que les cubes et les briques. Demandez-lui de faire une tour en utilisant uniquement les cubes jaunes ou de mettre tous les bleus dans la remorque de son camion.

Développement intellectuel

Assemblages

À chaque instant de sa vie, votre tout-petit exploite sa capacité à résoudre les problèmes. Il sait mobiliser les compétences acquises précédemment pour réussir des puzzles, des assemblages ou des constructions plus complexes.

Encastrer Proposez-lui divers puzzles adaptés à son âge. Quand il retourne ou fait entrer de force une pièce, il exerce sa capacité à résoudre les problèmes. Laissez-le essayer tout seul, puis guidez-le un peu si nécessaire.

Trier des formes Il est normal qu'il procède par tâtonnements quand il met des pièces dans une boîte à forme ou qu'il assemble des cubes-gigognes. Il risque aussi d'essayer chaque élément d'un puzzle avant de trouver le bon.

Empiler Avant d'empiler des briques, il va les manipuler et les observer pour essayer de voir comment elles s'emboîtent. Il lui faudra sans doute plusieurs tentatives avant de parvenir à construire quelque chose.

Comment et pourquoi le stimuler

Donnez-lui des puzzles et de jeux d'encastrements ou de construction qui l'obligent à faire appel à sa réflexion et à sa dextérité.

★ Il résout des problèmes pratiques. En jouant avec ses puzzles, il utilise sa perception de l'espace et des formes pour réfléchir à la manière dont il va encastrer les pièces et essayer si ça marche.

★ Il apprend par tâtonnements. Après avoir essayé différentes solutions, il finit par trouver la bonne.

★ Il persévère. En faisant appel aux solutions trouvées pour résoudre d'autres problèmes, il consolide ses acquis.

Et ...

★ Il développe sa coordination main-œil. Pour pouvoir présenter les pièces des puzzles et les formes face au bon trou, il faut que ses yeux et ses mains agissent de façon parfaitement coordonnée.

Ressources utiles

INFORMATIONS GÉNÉRALES

Mouvement français pour le planning familial
94, bd Masséna, Tour Mantoue
75013 Paris
Tél. : 01 45 84 28 25
10, rue Vivienne
75010 Paris
Tél. : 01 42 60 93 20
www.planning-familial.org

Association française des centres de consultation conjugale et familiale (AFCCC)
44, rue Danton
94270 Kremlin-Bicêtre
Tél. : 01 46 70 88 44

Fédération nationale couple et famille
28, pl. Saint-Georges
75009 Paris
Tél. : 01 42 85 25 98
www.couples-et-familles.com

Inter-Service Parents École des parents et des éducateurs
5, impasse Bon-secours
75011 Paris
Tél. : 01 44 93 44 93
www.ecoledesparents.org

CONSEILS MÉDICAUX ET PSYCHOLOGIQUES

Allô Maman Bébé
Tél. : 08 36 68 34 36 (serveur vocal)

Institut de puériculture (renseignements par téléphone uniquement)
26, bd Brune
75014 Paris
Tél. : 01 40 44 39 39
ipp-perinat.com

Fédération jumeaux et plus
28, pl. Saint-Georges
75009 Paris
Tél. : 01 44 53 06 03
www.jumeaux-et-plus.fr

Fédération syndicale des familles monoparentales - UNAF
53, rue Riquet - 75019 Paris
Tél. : 01 44 89 86 80
www.unaf.fr

Grade (groupe de réflexion et d'action pour la défense de l'enfant)
8, av. du Maréchal-Foch
83200 Toulon
Tél. : 04 94 24 07 97

Association des collectifs enfants-parents-professionnels (ACEPP)
15, rue du Charolais
75012 Paris
Tél. : 01 44 73 85 20
www.acepp.ass.fr

Fédération nationale « À domicile »
80, rue de la Roquette
75011 Paris
Tél. : 01 49 23 75 50
www.fede-adomicile.org

SOS Urgence Maman
56, rue de Passy
75016 Paris
Tél. : 01 46 47 89 98
www.sosurgencesmamans.com

RENSEIGNEMENTS ADMINISTRATIFS

Centre national d'information et de documentation des femmes et des familles (CNIDFF)
7, rue du Jura
75013 Paris
Tél. : 01 42 17 12 00
www.infofemmes.com

Union nationale des associations familiales (UNAF)
28, pl. Saint-Georges
75009 Paris
Tél. : 01 49 95 36 00
www.unaf.fr

Union nationale des associations de défense de la famille et de l'individu (UNADIF)
130, rue Clignancourt
75018 Paris
Tél. : 01 44 92 35 92
www.unadfi.org

Assistance publique des hôpitaux parisiens
www.aphp.fr

Caisse des allocations familiales
www.caf.fr

Sécurité sociale
www.securite-sociale.fr

Assurance maladie en ligne
www.ameli.fr

Croix rouge
www.croix-rouge.fr

Santé
Dans tous les départements, des centres de PMI (Protection maternelle et infantile) proposent des soins gratuits.

DASES
94-96, quai de la Rapée
75570 Paris Cedex 12
Tél. : 01 43 47 77 77

DASS (Direction des Affaires Sanitaires et Sociales)
75, rue Tocqueville
75017 Paris
Tél. : 01 58 57 11 00

GARDE DES ENFANTS
Adressez-vous à votre mairie ou aux bureaux des Directions de l'action sociale de l'enfant et de la santé :

DASES
94-96, quai de la Rapée
75570 Paris Cedex 12
Tél. : 01 43 47 77 77

ACEPP (Association des collectifs enfants-parents professionnels)
15, rue du Charolais
75012 Paris
Tél. : 01 44 73 85 20
www.acepp.ass.fr

Union nationale des associations familiales
www.unaf.fr

RÉSEAUX DE MAMANS
La Maison verte
13, rue Meilhac
75015 Paris
Tél. : 01 43 06 02 82
www.lamaisonverte.asso.fr

Maison ouverte de l'école des parents
164, bd Voltaire - 75011 Paris
Tél. : 01 44 93 24 10
www.ecoledesparents.org
Pour connaître la Maison ouverte la plus proche de chez vous, contactez le service Petite enfance de votre mairie, la conseillère technique Petite enfance de la Caisse d'allocations familiales, le médecin de votre PMI.

Index

J K

L

M N O

P Q

R

S

T V Y

Crédits photographiques

REMERCIEMENTS DE L'AUTEUR :
Je voudrais remercier mes parents Patricia et George Higginbotham pour tout leur amour er, en particulier, ma mère qui aurait aimé que ce livre existe quand j'étais petite. Merci également à ma famille : Michael, Rupert, Dominic et Toby, à Vicki McIvor pour toute son aide, et à l'équipe éditoriale qui a rendu possible la publication de ce livre.

REMERCIEMENTS DE L'EDITEUR :
L'éditeur remercie Sara Kimmins pour son idée originale et la conception graphique de cette collection ; Becky Alexander pour ses relectures ; Vanessa Bird pour la réalisation de l'index ; Jo Godfrey-Wood pour son assistance lors des prises de vues ; Victoria Barnes et Roisin Donaghy pour la coiffure et le maquillage des modèles ; Carly Churchill, assistant-photographe, ainsi que les modèles : Nina et Anjani Acharya ; Stephanie et Thomas Barrington ; Kirsty et Kate Campbell ; Sarah et Lisa Crowe, Luca Sodeau ; Ruth Davies et Florence Knowles ; Bea de Lemos et Alexander Walker ; Giovanna Franchina et Leonardo Diallo ; Shuna Frood et Joe Sutcliffe ; Natasha Garry et Solstice River Davies ; Oriel Gavin et Erin Smith ; Susie et Poppy Howe ; Kate Jones et Holly Dixon ; Sophie Lewis et Somerset Young ; Clare Moore et Cassius Cockrell ; Victoria et Max Perrot ; Michelle et Edward Phillips ; Dawn Robinson et Alexander Whillock ; Kate Wheeler et Freya Bartlett ; Justyna et Nicole Zohreh ; Karolina et Khemilya Ubor ; et Alice et Sam Pickles.

L'éditeur adresse ses remerciements aux sociétés et organismes suivants pour l'avoir autorisé à reproduire leurs photographies :

(h – haut ; b – bas ; c – centre ; g – gauche ; d – droit)

11 Mother & Baby Picture Library : Ian Hooton (bg, bd). **13 Corbis :** David Raymer (hd). **Getty Images :** Frank Herholdt (bd). **17 Corbis :** Tim Pannell (bg). **18 Corbis :** Larry Williams (c). **Mother & Baby Picture Library :** Ian Hooton (bc) ; Paul Mitchell (bd). **23 SuperStock :** Age Fotostock (cd). **24 Getty Images :** Dennie Cody (bd). **29 Alamy Images :** Purestock. **38 Getty Images :** Jose Luis Pelaez Inc. (cd) ; Barbara Maurer (bd) ; Yellow Dog Productions (bc). **40 Photolibrary :** Marcus Mok / Asia Images RM (bc). **43 Getty Images :** Bambu Productions (cg). Mother & Baby Picture Library : Ian Hooton (bd, bg). **44 Getty Images :** First Light / Trevor Bonderud (bd). **45 Getty Images :** Photographer's Choice / Lisa Valder. **46 Getty Images :** Martha Lazar (bd). **47 Getty Images :** Ferguson & Katzman Photography / Halo Images (bg). **48 Getty Images :** Vanessa Berberian (bd) ; LWA (cd) ; Robin Reeder / Reeder Studios, LLC (bc). **51 Getty Images :** Jens Lucking (bg). **54** Mother & Baby Picture Library : Ian Hooton (cd). **56 Getty Images :** Andy Cox (bd). **61** Corbis : Markus Moellenberg (bg). **63 Getty Images :** Jamie Grill (bg) ; LWA (hg). Mother & Baby Picture Library : Ian Hooton (cb). **64 Corbis :** Lisa B. (cd). **66 Getty Images :** Jamie Grill (d). **67 Corbis :** Beth Dixson (cg). **71 Getty Images :** L. Ancheles (hd) ; Johner (hg). **72 Getty Images :** Photographer's Choice / Andersen Ross (bg). **73 Corbis :** David P. Hall (cb). Getty Images : Photographer's Choice / B2M Productions (bg). Mother & Baby Picture Library : Ian Hooton (hc). **74 Getty Images :** Jessica Boone (bc) ; Jamie Grill (bd). **79 Getty Images :** Tom Morrison (hg) ; Dennis Novak (hc). **80-81 Corbis :** Gareth Brown. **83 Getty Images :** Joe Polillio (bd). **84 Alamy Images :**
Jacky Chapman (bd). Getty Images : Doug Crouch (bc). **85 Alamy Images :** Picture Contact (bd). **86 Getty Images :** Altrendo Images (bc). Mother & Baby Picture Library : Ian Hooton (cd). **87 Mother & Baby Picture Library :** Ian Hooton. **88 Getty Images :** Thomas Northcut (bg). **90 Getty Images :** Mimi Haddon (c) ; Sean Murphy (bd). **93 Corbis :** Inspirestock. **96 Getty Images :** Stone / Jerome Tisne (cd). **97 Getty Images :** Iconica / Jamie Grill (cg) ; Stone / Eri Morita (bg). **98 Getty Images :** Lilly Dong (cd). **99 Getty Images :** Jamie Grill (bg). **103 Corbis :** RCWW, Inc. (cg). Getty Images : PhotoAlto / Sigrid Olsson (bg) ; Camille Tokerud (bd). **104 Corbis :** Ghislain & Marie David de Lossy / Cultura. **105 Getty Images :** Andy Sacks (bg). **106-107 Getty Images :** Alexandra Grablewski. **108 Getty Images :** Jean Michel Foujols (bg). **109 Corbis :** Bernd Vogel (h). **110 Getty Images :** Hitoshi Nishimura (bc) (cd). **111 Getty Images :** Paul Viant (bd). **112 Dorling Kindersley :** Julie Fisher (bc). Mother & Baby Picture Library : Paul Mitchell (cd). **114 Getty Images :** Derek Henthorn / STOCK4B (cd). Mother & Baby Picture Library : Ian Hooton (bd). **115 Corbis :** Brooke Fasani (bd). Getty Images : Bambu Productions (h). **117 Getty Images :** Altrendo Images (cg). **118 iStockphoto.com :** Iwona Rajszczak (cd). **119 Alamy Images :** Petr Bonek. **121 PunchStock :** Fuse (cg). **122 Getty Images :** Rosanne Olson (bd). **124 Getty Images :** Altrendo Images (bc). **125 Photolibrary :** Folio Images (bg). **126 Getty Images :** Photolibrary (cd). **130 Getty Images :** Rich Reid (bc). **132 Getty Images :** Scott Hortop (bd). **134 Corbis :** Kevin Dodge (bd). **135 Mother & Baby Picture Library :** Ian Hooton. **136 Getty Images :** Ghislain & Marie David de Lossy (bd). **138 Getty Images :** Ray Kachatorian (bc). **139 Alamy Images :** Enigma (bg). Getty Images : Kactus (cg). **141 Corbis :** Heide Benser (bg). Getty Images : Huntstock (cg). **142 Getty Images :** Andy Bullock (cd) ; Charles Gullung (bd). **143 Photolibrary :** Arunas Klupsas. **144 Alamy Images :** Picture Partners (bd). **147 Getty Images :** Robin Reeder / Reeder Studios, LLC (hg). **148 Getty Images :** Arthur Tilley (c). **149 Mother & Baby Picture Library. 151 iStockphoto.com :** John Prescott. **152 Alamy Images :** Manor Photography (bc). **155 Getty Images :** Ghislain & Marie David de Lossy (bg). **160 Getty Images :** Mimi Haddon (cd). **162 Mother & Baby Picture Library :** Ian Hooton (c). **168 Getty Images :** Richard Kolker (bd). Mother & Baby Picture Library : Ian Hooton (bc, cd). **169 Getty Images :** Camille Tokerud. **170 Getty Images :** Milka Alanen (cd). Mother & Baby Picture Library : Ian Hooton (bd). SuperStock : age fotostock (bc). **171 Corbis :** Etsa (cg). **172 Corbis :** Ariel Skelley (bg). **174 Alamy Images :** Sally Cooke (bd). Getty Images : Peter Cade (cd) ; Images Of Our Lives (bc). **176 Getty Images :** Mel Curtis (bc). **178 Corbis :** Laurence Mouton / PhotoAlto (bc). Getty Images : Kactus (bd). **179 Getty Images :** Natalie Kauffman (bg). **180 iStockphoto.com :** Jorge Salcedo (bd). **182 Getty Images :** Jupiterimages (bc) ; David Oldfield (bd). **183 Getty Images :** Photodisc (bc). Mother & Baby Picture Library : Ian Hooton (bg). **186 Getty Images :** Clarissa Leahy (bc). **187 Getty Images :** DK Stock / Garfield Hall (c).